第六册

第三批國家珍貴古籍名錄圖錄

中國國家圖書館
中國國家古籍保護中心 編

國家圖書館出版社

第六册目録

第三批國家珍貴古籍名錄圖錄

漢文珍貴古籍名錄

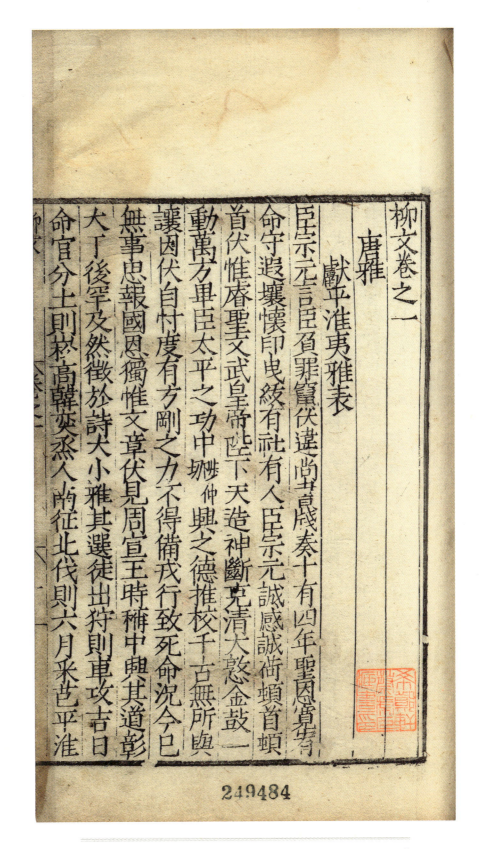

柳文卷之一

唐雅

獻平淮夷雅表

臣宗元言臣負罪竄伏常帝戚奏十有四年聖恩寬貸
命守遐壤懷印曳綬有社有人臣宗元誠感誠荷頓首頓
首伏惟陛下天造神斷克清大憝金鼓一
動萬方畢臣太平之功中興之德推校千古無所與
讓因伏自忖度有方剛之力不得備戎行致死命况今巳
無事思報國恩獨惟文章伏見周宣王時稱中興其道彰
大丁後罕及然徵於詩大小雅其選徒出狩則車攻吉日
命官分土則柞高韓奕烝人所征北伐則六月采芑平淮

柳文

〈卷二〉

249484

08768、08769 柳文四十三卷別集二卷外集二卷 〔唐〕柳宗元撰 **附
録一卷後録一卷** 明嘉靖二十八年（1549）王士翹刻三十一年（1552）朱有
孚續刻本

匡高18.8厘米，廣12.3厘米。半葉十一行，行二十二字，白口，左右雙邊。

天津圖書館藏；柳州市博物館藏，存四十八卷。

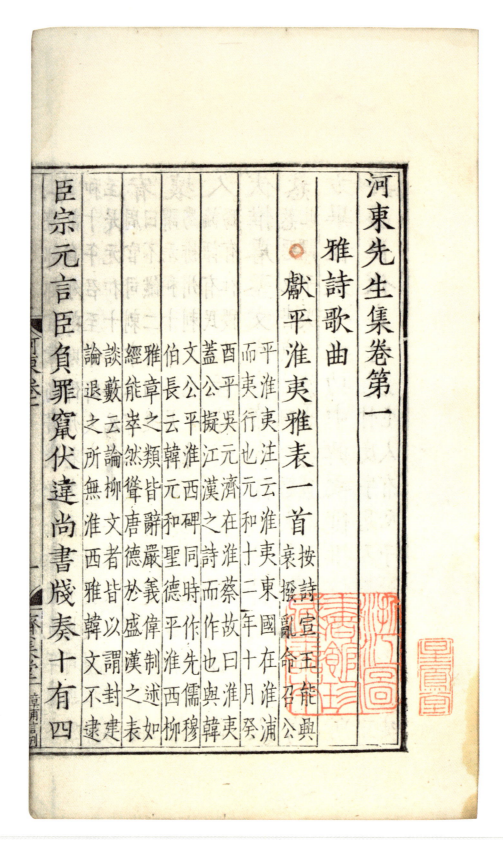

08770-08780 河東先生集四十五卷外集二卷龍城錄二卷 （唐）柳宗元撰 （宋）廖瑩中校正 **附錄二卷傳一卷** 明

郭雲鵬濟美堂刻本

匡高20厘米，廣13.6厘米。半葉九行，行十七字，小字雙行同，細黑口，四周雙邊。有"東吳郭雲鵬校壽梓"牌記。吉林大學圖書館、

天津圖書館藏；浙江圖書館藏三部；浙江省義烏市圖書館、石家莊市圖書館、重慶市北碚圖書館藏；遼寧省圖書館藏三部。

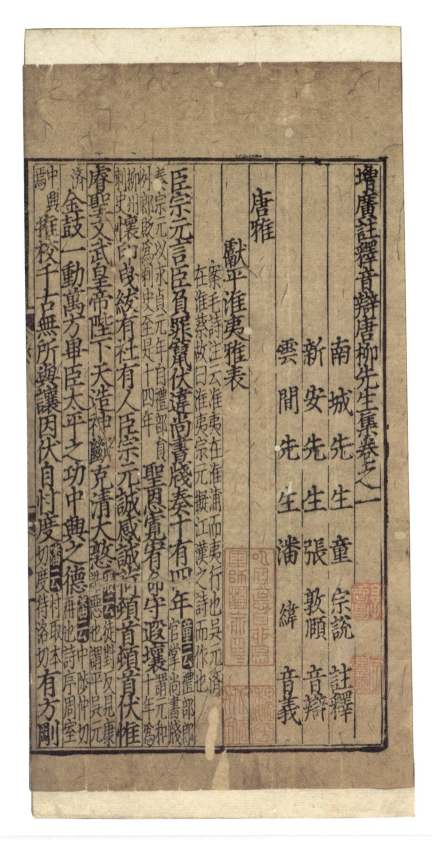

08781—08785　增廣註釋音辯唐柳先生集四十三卷別集二卷外集二卷　（唐）柳宗元撰　（宋）童宗說注釋　（宋）張敦頤音

辯　（宋）潘緯音義　**附錄一卷**　明初刻本

匡高20.4厘米，廣12.7厘米。半葉十三行，行二十三字，小字雙行同，黑口，四周雙邊。中共北京市委圖書館藏；河北大學圖書館藏，

存四十三卷；柳州市博物館藏，存四十三卷；吉林大學圖書館藏；河南省圖書館藏，存四十五卷。

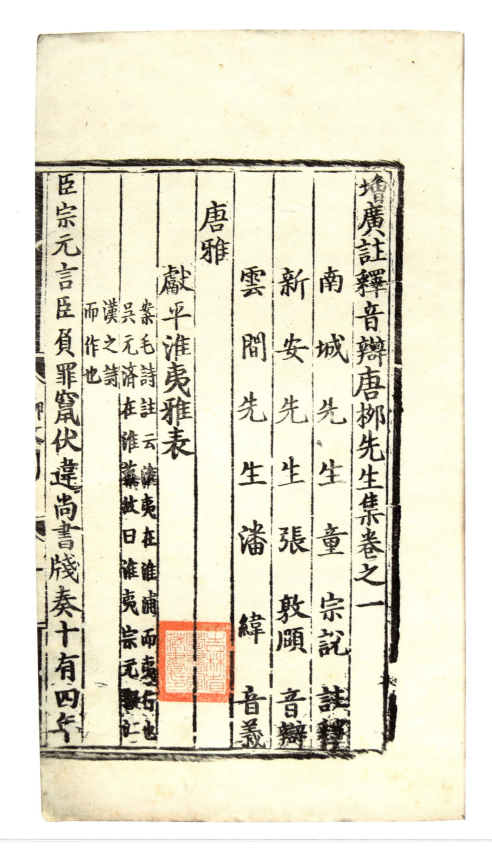

08786-08788 增廣註釋音辯唐柳先生集四十三卷別集二卷外集二卷 （唐）柳宗元撰 （宋）童宗說注釋 （宋）張敦頤音辯 （宋）

潘緯音義 附錄一卷 明正統十三年（1448）善敬堂刻遞修本

匡高21.2厘米，廣13.3厘米。半葉九行，行十八字，小字雙行同，黑口，四周雙邊。有"正統戊辰善敬堂刊"牌記。吉林省圖書館藏；廈門大學
圖書館藏，無附錄一卷；福建師範大學圖書館藏，無別集二卷外集二卷附錄一卷。

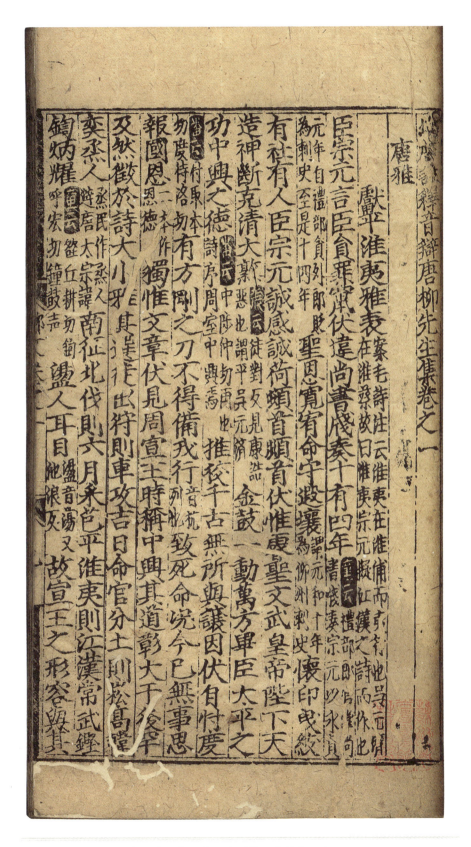

08789 增廣註釋音辯唐柳先生集四十三卷別集一卷外集一卷 （唐）柳宗元撰 （宋）童宗

說注釋 （宋）張敦頤音辯 （宋）潘緯音義 **附録一卷** 明刻本

匡高19.7厘米，廣13.1厘米。半葉十三行，行字不等，黑口，四周雙邊。蘇州圖書館藏。

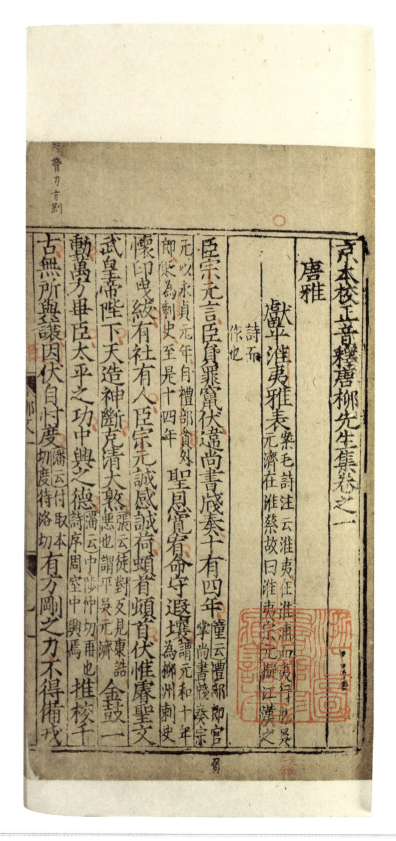

08790 京本校正音釋唐柳先生集四十三卷別集一卷外集一卷 （唐）柳宗元撰 （宋）童宗

說注釋 （宋）張敦頤音辯 （宋）潘緯音義 **附錄一卷** 明刻本

匡高18.9厘米，廣12.5厘米。半葉十行，行二十四字，小字雙行同，白口，四周雙邊。浙江圖書

館藏。

柳文卷之一

與李翰林建書

杓直足下。州傳遠至。得足下書又於夢得處得足下前次一書意皆勤厚莊周言逃蓬藋者聞人足音則跫然喜僕在蠻夷中比得足下二書及致藥餌喜復何言僕自去年八月來痞疾稍巳往時間一二日作今一月乃二三作用南人檳榔餘甘破決壅隔大過陰邪雖敗巳傷正氣

柳文卷一

一

08791 柳文七卷 （唐）柳宗元撰 （明）茅坤評　明刻朱墨套印本

匡高20.2厘米，廣14厘米。半葉八行，行十八字，白口，四周單邊。天津圖書館藏。

劉賓客文集卷第一

正議大夫撿校禮部尚書薰太子賓客贈兵部尚書劉禹錫

問大釣賦　砥石賦　楚望賦

傷往賦　何卜賦　謫九年賦

望賦　山陽城賦　秋聲賦

問大釣賦

始余失臺郎為刺史又貶州司馬俟罪朗州三見閏月人咸謂數之極理當遷焉因作謫九年賦以自廣是歲職月詔追明年自闕下重領連山郡印綬人咸曰美惡周必復第行無恤歲秒其復乎居五年不得

中山集

08792　劉賓客文集三十卷補遺一卷　（唐）劉禹錫撰　明抄本
半葉十行，行二十字，小字雙行同。浙江圖書館藏。

—— 008 ——

元氏長慶集卷第一

古詩

思歸樂

春蟬

古社

芳樹

雉媒

賽神

分水嶺

思歸樂

春鳩

兔絲

松樹

桐花

箭鏃

大觜烏

四皓廟

我作思歸樂　思歸樂　盡作思歸鳴爾是此山鳥安得失鄉名應緣此
山中　山路　寄迹白古離人征陰愁感和氣俾爾從此生我雖失鄉去我
無　不失鄉情憀舒在方寸寵辱將何驚浮生居大塊尋丈可寄

08793 元氏長慶集六十卷集外文章一卷 （唐）元稹撰　明嘉靖三十一

年（1552）董氏萬門別墅刻本

匡高20.8厘米，廣15.7厘米。半葉十三行，行二十三字，小字雙行同，白
口，左右雙邊。傅增湘校并跋。國家圖書館藏。

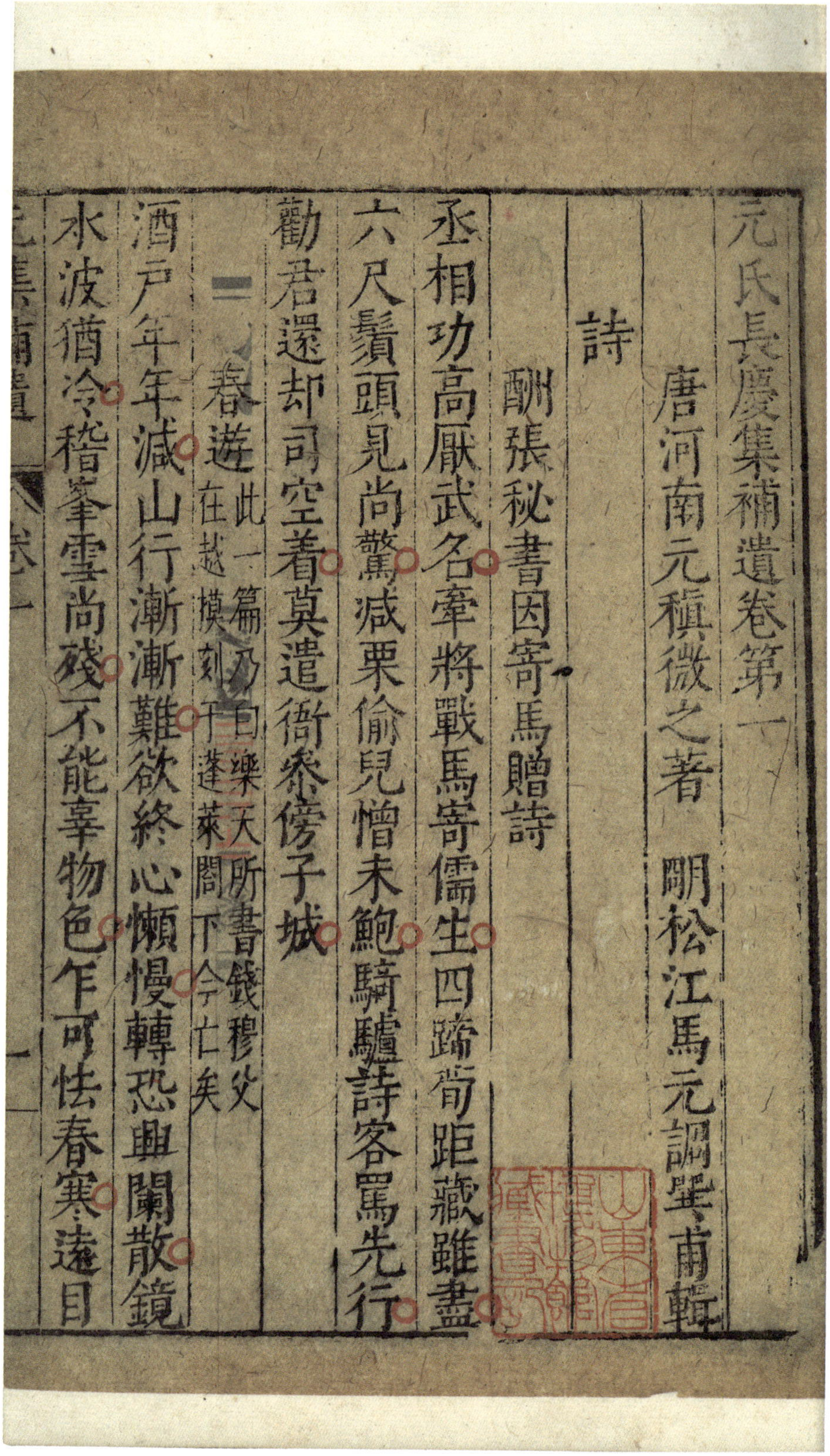
元氏長慶集補遺卷第一
唐河南元稹微之著　明松江馬元調巽甫輯
詩
酬張秘書因寄馬贈詩
丞相功高厭武名牽將戰馬寄儒生四蹄荀距藏雖盡六尺鬚頭見尚驚減粟偷兒憎未飽騎驢詩客罵先行勸君還却司空着莫遣衙參傍子城
二　春遊　此一篇乃白樂天所書錢穆父在越模刻于蓬萊閣下今亡矣
酒戶年年減山行漸漸難欲終心懶慢轉恐興闌散鏡水波猶冷稽峯雪尚殘不能辜物色乍可怯春寒遠目
元集補遺　卷一　一

08794 元氏長慶集六十卷補遺六卷 （唐）元稹撰 **附録一卷** 明萬曆三十二年（1604）馬元調魚樂軒刻元白長慶集本

匡高20.6厘米，廣14.6厘米。半葉十行，行二十一字，白口，左右雙邊。董兆熊録顧帆川批。山東省博物館藏。

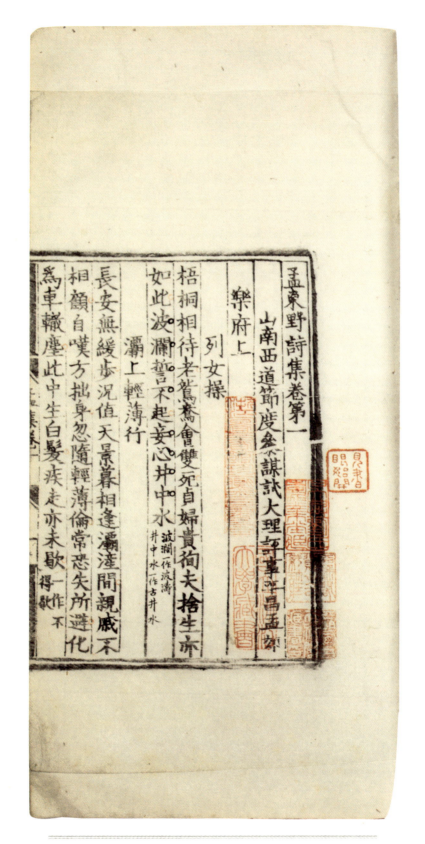

08795、08796 孟東野詩集十卷 （唐）孟郊撰　明弘治十二年（1499）

楊一清、于睿刻本

匡高18厘米，廣12.8厘米。半葉十行，行十八字，黑口，四周雙邊。浙江圖
書館藏；國家圖書館藏，周錫瓚校幷跋、黃丕烈跋、周叔弢校。

孟東野詩集卷第一

唐山南西道節度參謀試大理評事武康孟郊著

明進士文林即知武康縣事無錫秦禾重刻

仁和晚學趙觀校正

樂府上

列女操

梧桐相待老鴛鴦會雙死貞婦貴徇夫捨生亦

如此波瀾誓不起妾心井中水

灞上輕薄行

08797　孟東野詩集十卷 （唐）孟郊撰　**聯句一卷**　明嘉靖三十五年
（1556）秦禾刻本
匡高18.2厘米，廣13.6厘米。半葉九行，行十八字，白口，四周單邊。湖北
省圖書館藏。

李文公集卷第一

東吳毛晉子晉訂

感知已賦序 并

貞元九年翱始就州府之貢舉人事其九月執文
章一通謁於右補闕安定梁君。是時梁君之譽塞
天下屬辟求進之士奉文章造梁君門下者。蓋無
虛日梁君知人之過也亦旣相見遂於翱有相知
之道焉謂翱得古人之遺風期翱之名不朽於無
窮許翱以拂拭吹嘘翱初謂面相進也。亦未幸甚。

習之

卷之一

及古閣

08798 **李文公集十八卷** 〔唐〕李翱撰　明末毛氏汲古閣刻三唐人文集本

匡高18.5厘米，廣14.2厘米。半葉九行，行十九字，小字雙行同，白口，左
右雙邊。邵齊熊批校、邵震亨跋。江蘇省常熟市圖書館藏。

感知己賦 并序

貞元九年翱始就州府之貢舉人事其九月執文章一通
謁於右補闕安定梁君是時梁君之譽塞天下屬詞求進
之士奉文章造梁君門下者蓋無虛日梁君知人之過也
亦既相見遂於翱有相知之道焉謂翱得古人之遺風期
翱之名不朽於無窮許翱以拂拭吹噓翱初謂面相進也
亦未幸甚十一月梁君遘疾而歿翱漸遊於朋友公卿間
往□皆曰吾久籍子姓名於補闕梁君也翱乃知非面相

08799 李習之文集不分卷 （唐）李翱撰 清鄭珍抄本

匡高17.5厘米，廣13.2厘米。半葉九行，行二十二字，白口，四周單邊。貴州省博物館藏。

呂和叔文集卷第一

朝議郎使持節衡州諸軍事守衡州刺史上騎都尉賜緋魚袋呂溫

詩賦

鹿賦并序　綠鹿賦并序

貞元己卯　文辭一作丁已注云一作丁已

歲予南出穰樊之間遇野人縶鹿而至者問詰之一作之巷曰此為由鹿由此鹿以謗致群鹿也備言其狀且曰此鹿每有所致郵鳴噪不飲食者累日余喟然曰虞之即鹿也必以其類致之人之即人也亦必以其友致之之寇繁有徒古之徒古之後作然矣嗟夫鹿無一

08800　呂和叔文集十卷　（唐）呂溫撰　清抄本

半葉十行，行十八字。有"王鳴盛印"、"西莊居士"、"甲戌榜眼"、"光祿卿章"、"楊氏海源閣鑑藏"、"獻唐審定"等印。山東省博物館藏。

張司業詩集卷上

五言今體

薊北旅思

日日望鄉國空詞白苧詞長因送人處憶得別

家時失意還獨語多愁秖自知客亭門外柳折

盡向南枝

舊宮人

諤舞梁州女歸時白髮生全家沒蕃地無處問

鄉程宮錦不傳樣御香空記名一身難自說愁

逐路人行

08801 張司業詩集三卷 （唐）張籍撰　清順治十八年（1661）陸貽典

影宋抄本

卷上半葉十行，行十八字；卷下配明刻唐百家詩本，匡高16.5厘米，廣12.6厘米，半葉十行，行十八字，白口，左右雙邊。國家圖書館藏，陸貽典校并跋、黃丕烈跋。

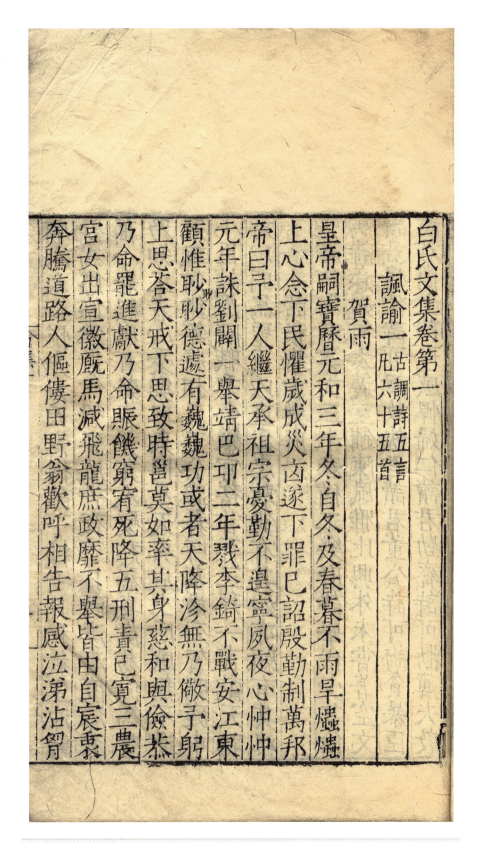

白氏文集卷第一

諷諭一 古調詩五言 凡六十五首

賀雨

皇帝嗣寶曆元和三年冬自冬及春暮不雨旱燠燠

上心念下民懼歲成災迺下罪己詔殷勤制萬邦

帝曰予一人繼天承祖宗憂勤不遑寧夙夜心忡忡

元年誅劉闢一舉靖巴卭二年戮李錡不戰安江東

顧惟耿眇德遍有巍巍功或者天降沴無乃儆予躬

上思荅天戒下思致時邕莫如率其身慈和與儉恭

乃命罷進獻乃命賑饑窮宥死降五刑責己寬三農

宮女出宣徽厩馬減飛龍庶政靡不舉皆由自宸衷

奔騰道路人傴僂田野翁歡呼相告報感泣涕沾臆

08802-08804 **白氏文集七十一卷** （唐）白居易撰　明嘉靖十七年（1538）伍忠光龍池草堂刻本

匡高19.1厘米，廣14.8厘米。半葉十二行，行二十字，小字雙行同，白口，左右雙邊。大連圖書館、浙江圖書館藏；重慶圖書館藏，爲錢應龍重修本，有"封奉政大夫吏部考功郎中姑蘇錢應龍鋟梓"牌記，□被之批校。

白氏長慶集卷第一　諷諭一　凡六十五首

賀雨

皇帝嗣寶曆　元和三年冬　自冬及春暮不
雨旱爇爇　上心念下民　懼歲成災凶　遂下
罪己詔　殷勤告萬邦　帝曰予一人　繼天承
祖宗　憂勤不遑寧　夙夜心忡忡　元年誅劉
闢　一擧靖巴邛　二年戮李錡　不戰安江東
顧惟眇眇德　遽有巍巍功　或者天降沴　無
乃儆予躬　上思答天戒　下思致時邕　莫如
率其身　慈和與儉恭　乃命罷進獻　乃命賑
饑窮　宥死降五刑　已責寬三農　宮女出宣
徽　廄馬減芻蕷　庶政靡不舉　皆出自宸衷
奔騰道路人　傴僂田野翁　歡呼相告報　感
泣涕沾胸　順人人心悅　先天天意從　詔下
才七日　和氣生沖融　凝為油油雲　散作習
習風　昼夜復昼夜　霡霂無終窮　萬雲心春熙

08805　白氏長慶集七十一卷目録二卷　（唐）白居易撰　明正德八年（1513）華堅蘭雪堂銅活字印本

匡高19.8厘米，廣14厘米。半葉八行，行十六字，白口，左右雙邊。國家圖書館藏。

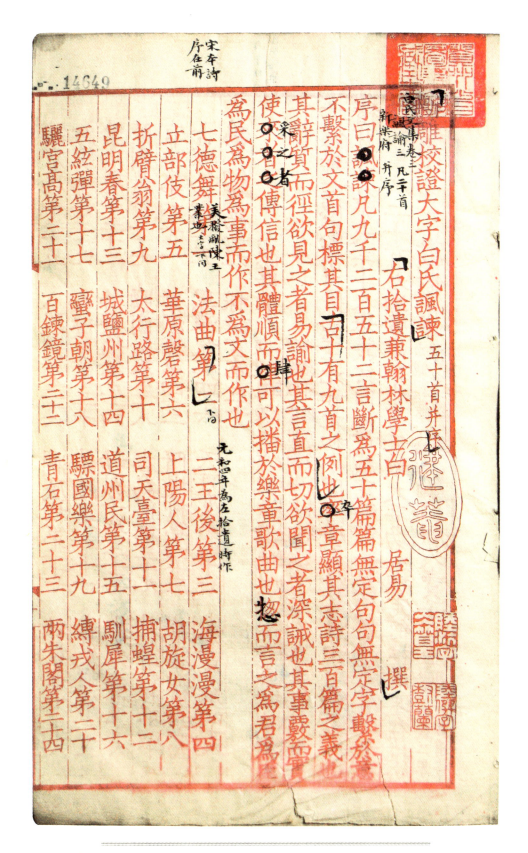

08806 新雕校證大字白氏諷諫一卷 （唐）白居易撰　清刻朱印本

匡高22.3厘米，廣13.8厘米。半葉十三行，行二十九字，紅格，紅口，左右雙邊。費念慈批校。貴州省圖書館藏。

皇甫持正文集卷第一

東還賦

歸去來兮將息我以勸遊日月出入如忽然兮何
東西南北之悠悠淹踵楚以輟宋幾途梁而軌周
旅巴鄧兮結鞅事崎函兮相軸襆予魄于波瀾委
予迹于陵丘來黙黙兮無定往區區兮昌求朝吾
既去夫帝鄉越嵩華而竝河經淮水兮凌大江抵
揚州之寄家亘年歲以不居謂須臾息足于蓬螺
魯不得暖床之席扁舟渺兮前程賒時迍汗兮日

08807 皇甫持正文集六卷 （唐）皇甫湜撰 清順治十七年（1660）錢
曾家抄本
半葉九行，行十九字。錢曾校幷跋。國家圖書館藏。

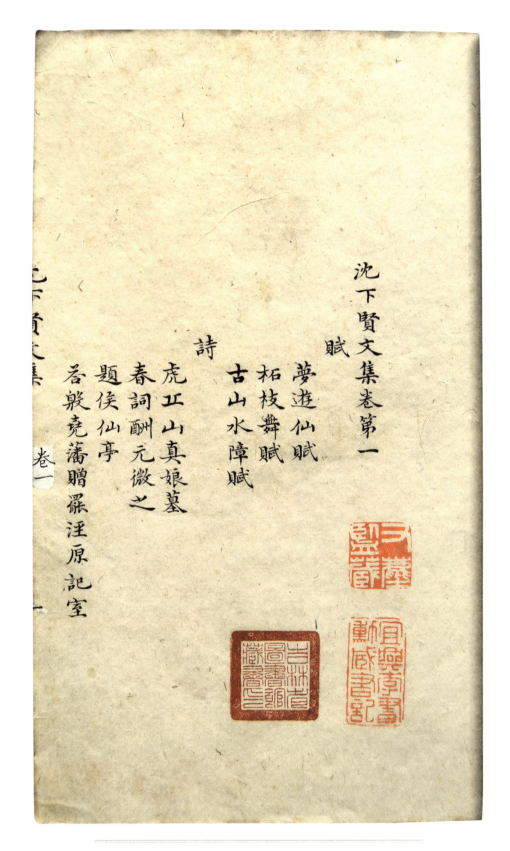

沈下賢文集卷第一

賦
　夢遊仙賦
　柘枝舞賦
　古山水障賦

詩
　虎丘山真娘墓
　春詞酬元微之
　題侯仙亭
　若躬堯藩贈羅汪原記室

沈下賢文集　卷一　一

08808 沈下賢文集十二卷　（唐）沈亞之撰　清抄本

半葉十行，行十八字。有"又塵監藏"、"宜興李書勳藏書記"等印。佚名
録吳翌鳳校跋。吉林省圖書館藏。

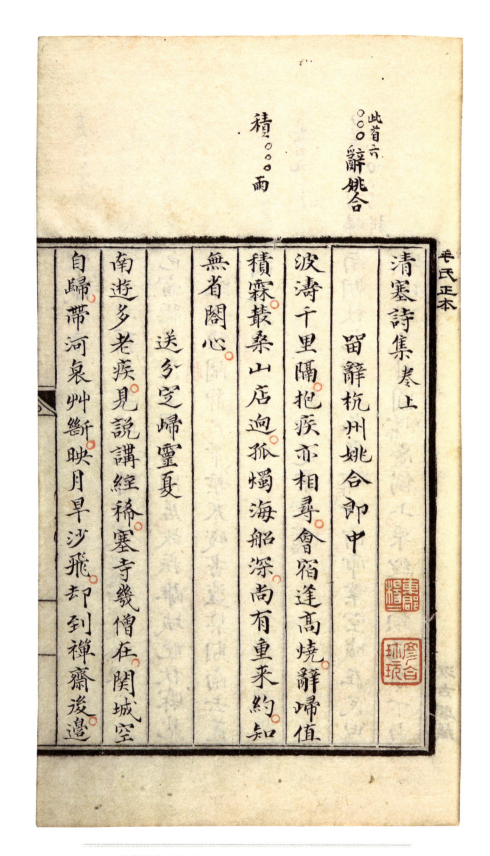

08809 清塞詩集二卷 （唐）周賀撰 明末毛氏汲古閣抄本

匡高16.3厘米，廣12.8厘米。半葉八行，行十八字，細黑口，四周雙邊。毛
晉跋，黃丕烈校幷跋。國家圖書館藏。

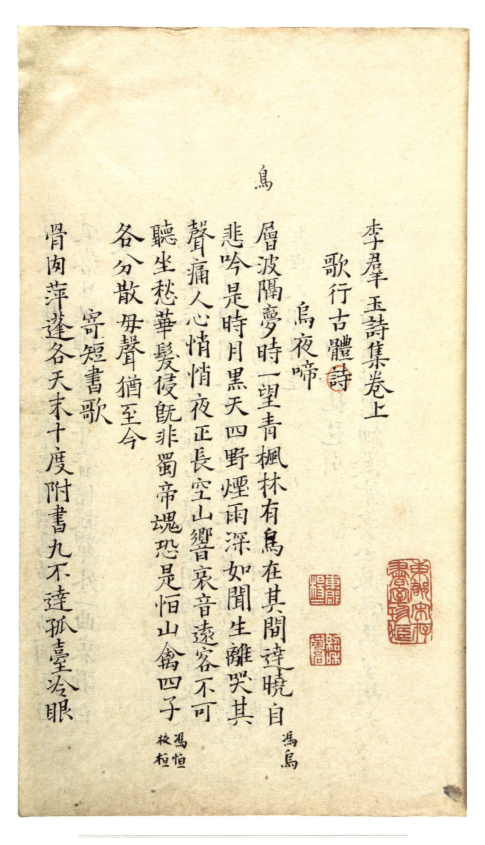

李羣玉詩集卷上

歌行古體詩

烏夜啼

層波隔夢時一望青楓林有鳥在其間達曉自
悲吟是時月黑天四野煙雨深如聞生離哭其
聲痛人心情悄夜正長空山響哀音遠客不可
聽坐愁華髮侵旣非蜀帝魂恐是恒山翁四子
各分散毋聲猶至今

寄短書歌

骨肉萍蓬各天末十度附書九不達孤臺冷眼

08810　李羣玉詩集三卷後集五卷　（唐）李群玉撰　明崇禎三年（1630）

葉奕抄本

半葉十行，行十八字。葉奕、黃丕烈校幷跋。國家圖書館藏。

孫可之樵文集

大明宮賦

孫樵齒貢士名旅見大明宮前庭仰貽俯駭陰意靈怪暮
歸魂動中宵而寐亡彼大明宮神前有云且曰太宗皇帝
綝瀛啟居廓穹起廬圓然而劃隆然而赫歔窬歔隙永求
帝宅帝詔吾司其宮與日月終巽聖護艱十有六君蕩妖
斬氣孰知吾勤吾當廬陵錫武廟祏撤主吾則協二毗輔
左右提謨義甲憤徒起帝仆周吾則械二點雛俾即其誅
胡删飽腯踣肌骴骨驚血濺閹仰吠曰二聖各輮大麓

08811 孫可之文集不分卷 （唐）孫樵撰　清鄭珍抄本

匡高17.3厘米，廣13.2厘米。半葉九行，行二十二字，白口，四周單邊。貴州省博物館藏。

08812 唐皮日休文藪十卷 （唐）皮日休撰　明正德十五年（1520）袁

表刻本

匡高18.1厘米，廣11.2厘米。半葉十一行，行二十字，小字雙行同，白口，

左右雙邊。浙江圖書館藏。

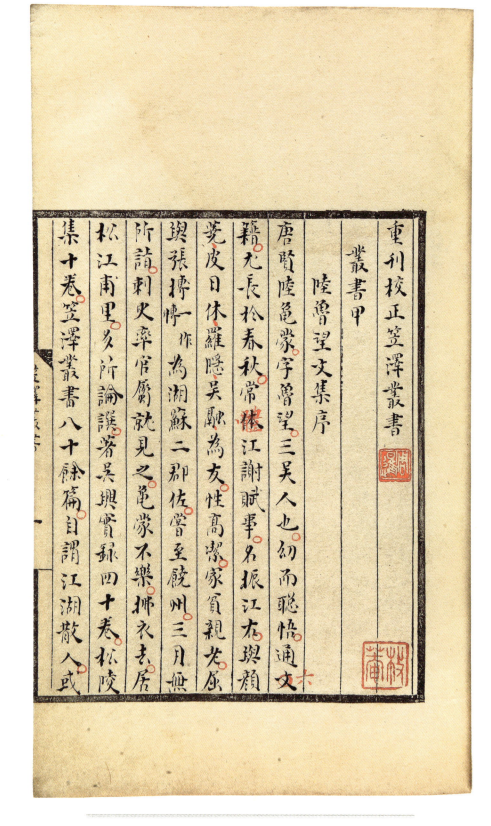

08813　重刊校正笠澤叢書四卷　（唐）陸龜蒙撰　明末馮舒家抄本

匡高16厘米，廣13.1厘米。半葉十行，行十八字，黑口，左右雙邊。有"吳
翌鳳家藏文範"、"枚庵"、"周暹"等印。馮舒、吳志忠校，吳翌鳳跋。
國家圖書館藏。

鹿門集上卷

唐閭壁二州刺史唐彥謙茂業
咸通中怡聞猪河南歸絳陽翟是歲上平徐方
大肆慶賞又詔八品錫其裔孫追叙風槩因成
二十韻

冊府藏餘烈皇綱正本朝不聽還筵諫幾覆旅桃
忿尺言終真憬惺道己消泯心傳位曰揮淬授遺甬
飛燕潛來趙黃龍豈見讖旣迷秦帝廁難問賈生鵬
穆卜緘縢秘金根轍迹遙北軍那奉印東海漫難橋
羅織黃門訟笙簧白骨銷炎方無信息丹旒竟淪漂
邅迴江魚食凄涼楚客招文忠徒諡議子卯但蕭韶
未見心崚復尋傷嗣續澗流年隨水逝高誼薄層霄

上卷 一

08814 鹿門集二卷 （唐）唐彥謙撰 明崇禎七年（1634）錢謙益抄本
匡高15.7厘米，廣12.9厘米。半葉十二行，行二十字，白口，四周單邊。錢謙益跋。國家圖書館藏。

韓致堯翰林集

總目

　　　　　吳江吳兆宜顯令注

五言古詩八首　　　　七言古詩四首

五言律詩一十八首　　五言排律六首

七言律詩百二十七首　七言排律四首

五言絕句十首　　　　七言絕句五十六首

五言古詩

、幽獨

幽獨起侵晨　楚辭幽獨山　庾信

　　　　　　　　　　　憂予山中鶯嘖嘖更早門巷掩蕭條袁江

韓致堯翰林集　　五古

08815　韓致堯翰林集不分卷香奩集不分卷　（唐）韓偓撰　（清）吳兆
宜注　清抄本
匡高18.4厘米，廣13.8厘米。半葉十行，行二十一字。紀昀批校。山西省圖
書館藏。

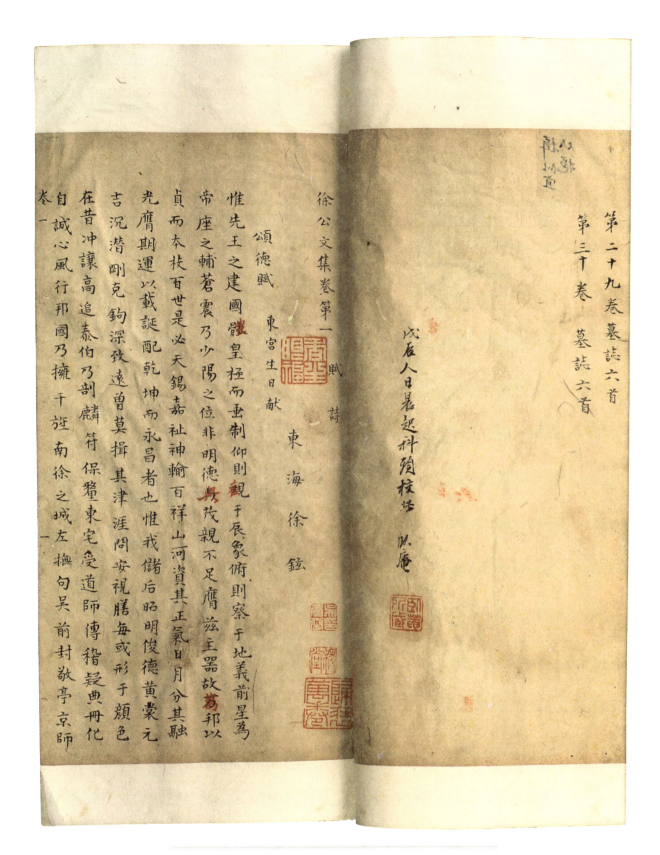

第二十九卷 墓誌六首

第三十卷 墓誌六首

戊辰人日暮起科隨校畢 似庵

徐公文集卷第一 賦 詩

頌德賦 東宮生日獻

東海徐鉉

惟先王之建國體皇極而垂制仰則觀于辰象俯則察于地義前星爲
帝座之輔蒼震乃少陽之位非明德曷茂親不足膺兹主器故爲邦以
貞而本枝百世是必天錫嘉祉神輸百祥山河資其正氣日月分其融
光膺期運以載誕配乾坤而永昌者也惟我儲后昭明俊德黃裳元
吉況潛剛克鈞深致遠曾莫揣其津涯問安視膳每或形于顏色
在昔沖讓高追泰伯乃剖麟符保釐東宅受道師傳稽疑典冊化
自誠心風行邦國乃擁于斾南徐之城左撫句吳前封敬亭京師
卷一 一

08816 徐公文集三十卷 〔宋〕徐鉉撰 清抄本

半葉十行，行二十六至二十八字不等。朱之赤校幷跋。揚州大學圖書館藏。

河東柳仲塗先生文集卷第一

門人張　景　編

○○默書

○昔先生將没而遺此書也蓋得之於心記之
于言三雖有句三未成章或前或後皆離其
辭莫貫其義景乃緝而聯之名曰默書其言
淵深而宏大非上智不能窺其極嗚呼先生
以數年之慮默而著之後必有默而觀之默
而行之默之義遠矣哉凡六百二十三言

柳　河東文集卷一

一申梁述一

08817　河東柳仲塗先生文集十五卷　（宋）柳開撰　清初抄本[四庫底本]

半葉九行，行十九字。浙江圖書館藏，存十卷。

咸平集卷第一

京兆田錫

奏議

上太宗應詔論火災

雍熙元年六月詔曰朕以不敏不明託於兆

人之上夙夜祇惕罔敢怠荒賴九廟儲祥

上天垂佑萬務粗治于今九年而數日前迅

雷之中烈火遽作旣延災於正殿蓋示譴於

眇躬柳畏震驚不遑寧處上天警戒必有由

然豈非刑賞之有愆措置之未當或近習之

08818 咸平集三十卷（宋）田錫撰　明祁氏淡生堂抄本

匡高22.1厘米，廣16厘米。半葉十行，行二十字，白口，四周單邊。有
"雙鑑樓珍藏印"等印。彭元瑞跋。國家圖書館藏。

錄藏宋萊國忠愍寇公詩集引

惟有天下之大才斯成天下之大務所謂天下
之大才前代姑置弗論若宋萊國忠愍寇公
非其人與其相真宗也虜犯澶淵勸上親征不
動聲色而措天下於泰山之安非成天下之大
務與竟以讒諂謫君遷荒齋志以沒人皆寃之
尋詔歸塋洛師又詔復官爵又詔節惠易名又
詔史臣述功行以垂後世卒於公無所損而公

萊國寇忠愍公旌忠之碑

參知政事孫抃奉

勅

上祀合宮之明年夏四月召兩府臣諭之曰故
太子太傅萊國公寇準方嚴鯁亮有文武偉才
在
太宗
真宗朝建大功立大節輸謀納忠誠貫白日不

08819 忠愍公詩集三卷 （宋）寇準撰　明嘉靖十四年（1535）蔣鰲刻本
匡高17.4厘米，廣12.2厘米。半葉八行，行十八字，白口，左右雙邊。國家
圖書館藏。

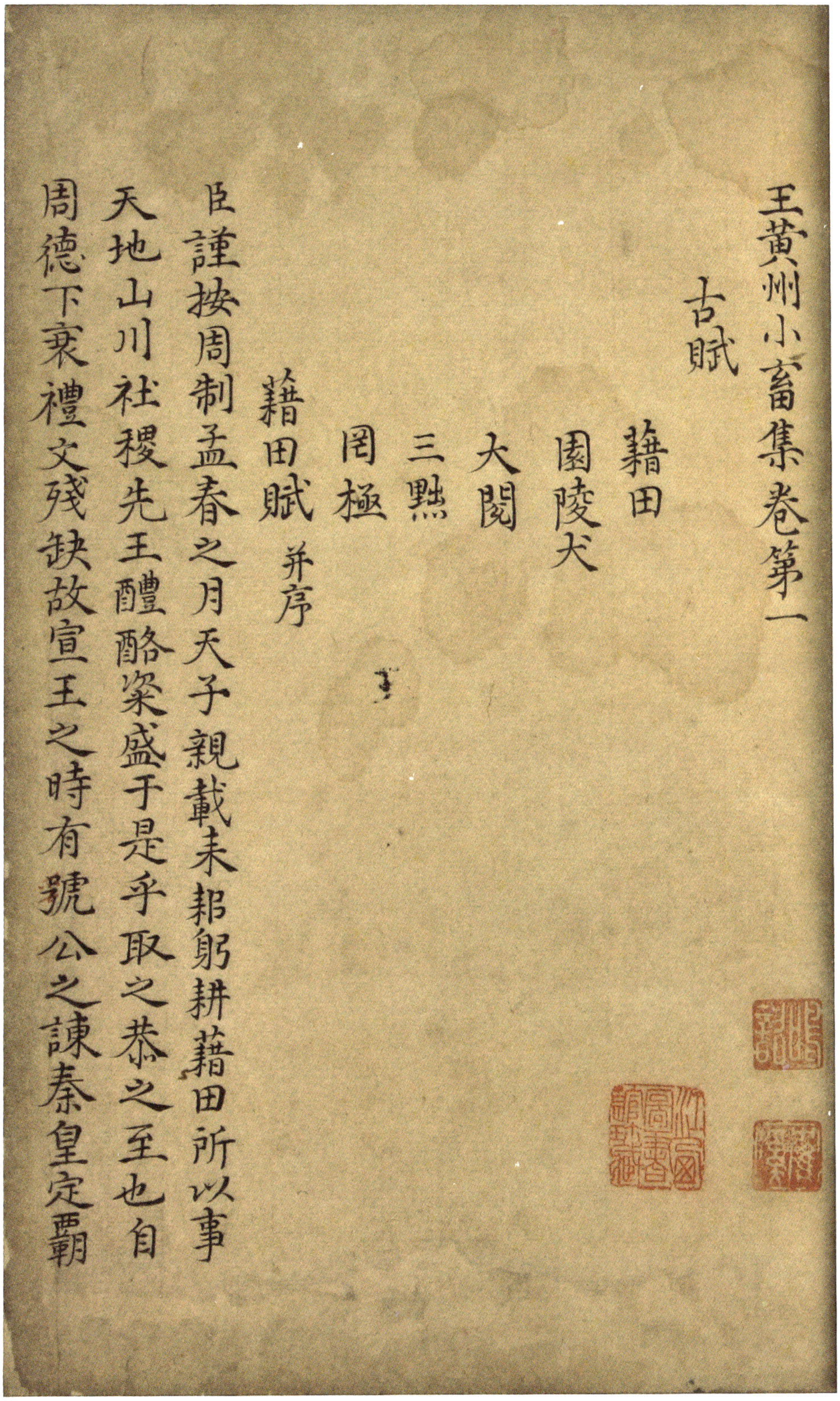

王黃州小畜集卷第一

古賦

藉田

園陵犬

大閱

三黜

罔極

藉田賦 并序

臣謹按周制孟春之月天子親載耒耜躬耕藉田所以事天地山川社稷先王醴酪粢盛于是乎取之恭之至也自周德下衰禮文殘缺故宣王之時有虢公之諫秦皇定覇

08820 王黃州小畜集三十卷 （宋）王禹偁撰　清抄本

半葉十一行，行二十二字，小字雙行同。王鳴韶跋。江西省圖書館藏。

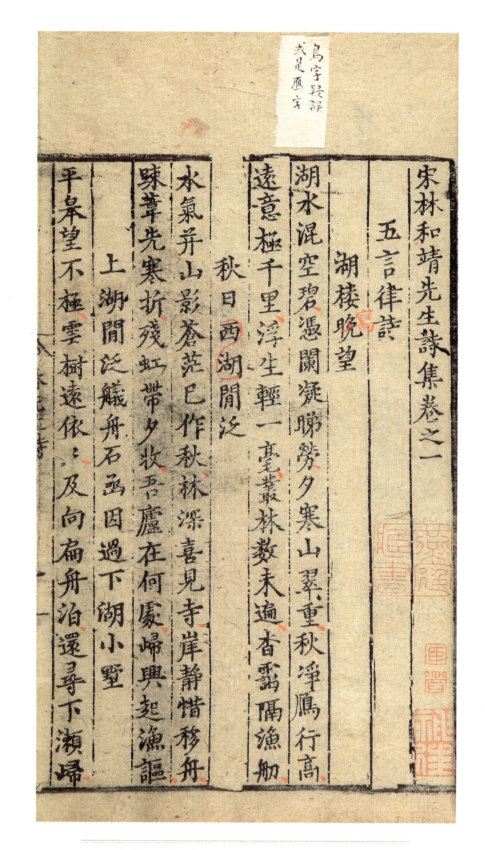

08821 宋林和靖先生詩集四卷 （宋）林逋撰 **附錄一卷** 明正德十二

年（1517）韓士英、喻智刻本

匡高19.4厘米，廣13.3厘米。半葉十行，行二十字，白口，四周單邊。有

"彦淵"、"知十"等印。馮知十校，傅增湘跋。國家圖書館藏。

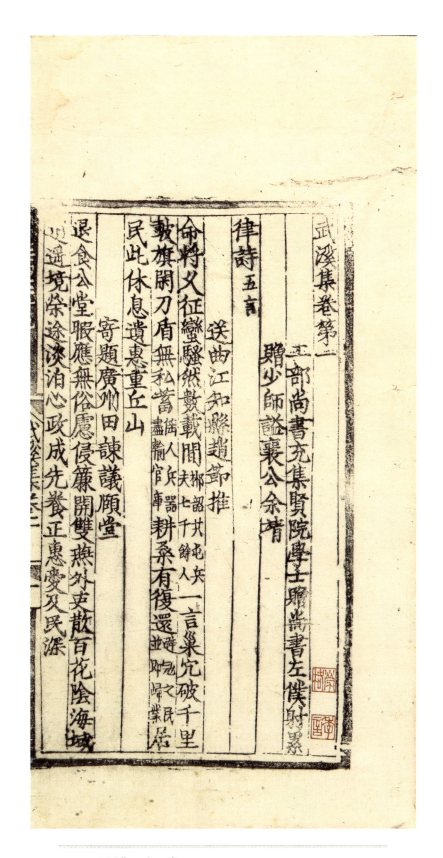

08822 武溪集二十一卷 （宋）余靖撰　明成化九年（1473）蘇韡等刻本

匡高21.4厘米，廣12.6厘米。半葉十一行，行二十二字，黑口，四周雙邊。黃丕烈跋。國家圖書館藏。

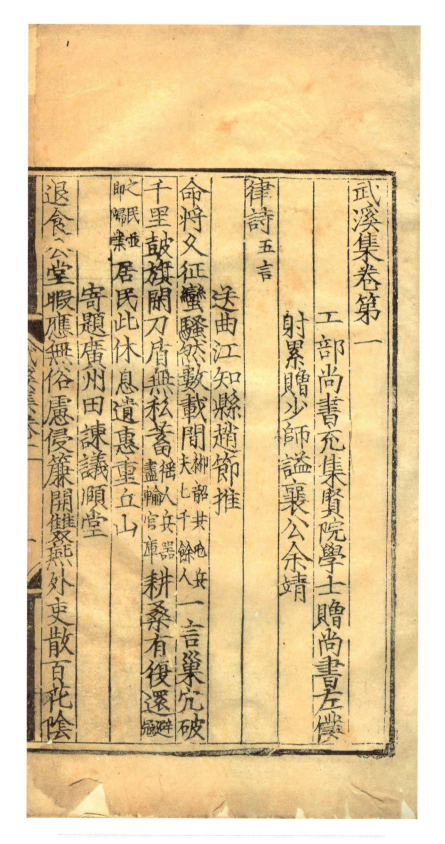

08823 武溪集二十一卷 （宋）余靖撰　明嘉靖四十五年（1566）劉穩
刻本
匡高19.5厘米，廣12.7厘米。半葉十行，行二十字，黑口，四周雙邊。浙江
大學圖書館藏。

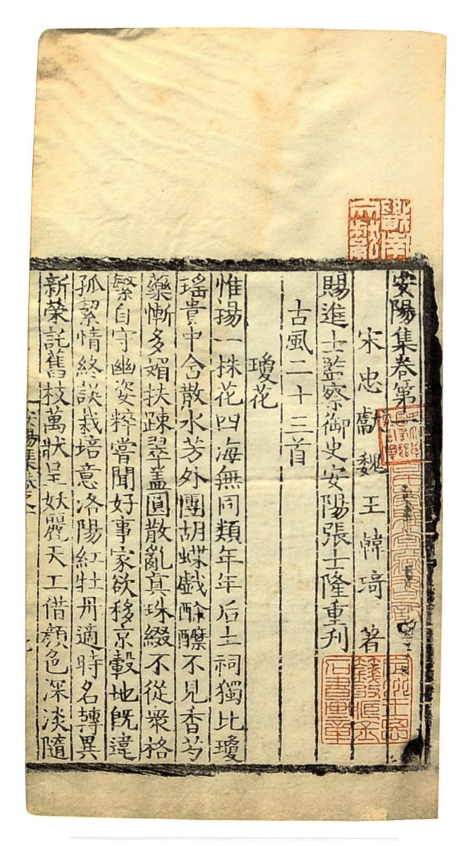

新榮詫舊枝萬狀呈妖嬈天工借顏色深淡隨

孤絜情終談栽培意洛陽紅牡丹適時名轉異

縈自守幽姿粹嘗聞好事家欲移京轂地既違

藥慚多媚扶疎翠蓋圓散亂真珠綴不從眾格

瑶貴中含散水芳外團胡蝶戲酥醲不見香芳

惟揚一株花四海無同類年年后土祠獨比瓊

　　　瓊花

古風二十三首

　賜進士監察御史安陽張士隆重刊

　　宋忠獻魏王韓琦　著

安陽集卷第四十

08824 **安陽集五十卷** 〔宋〕韓琦撰　**別錄三卷** 〔宋〕王巖叟撰　**遺
事一卷** 〔宋〕強至撰　**忠獻韓魏王家傳十卷** 明正德九年（1514）安
陽張士隆刻本

匡高18厘米，廣13.8厘米。半葉十一行，行十八字，白口，左右雙邊。吉林
大學圖書館藏，存五十卷。

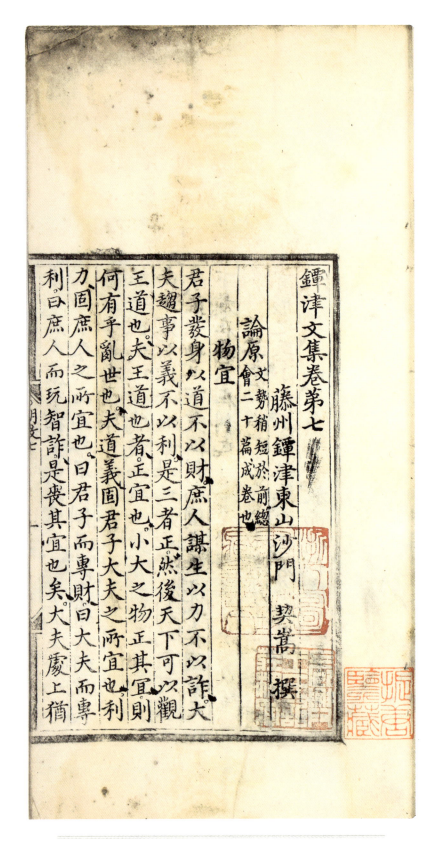

08825 鐔津文集二十二卷 （宋）釋契嵩撰　明弘治十二年（1499）釋

如巹刻本

匡高18.9厘米，廣12.7厘米。半葉十行，行十九字，小字雙行同，黑口，四

周雙邊。浙江圖書館藏，存十六卷。

司馬文正公集略卷之一

表

謝中冬衣襖表

祇荷寵光忝顏無措中謝恭惟皇帝陛下皇仁溥洽衣被

九圍軫念祁寒寵錫嘉服臣雖無似蒙澤猶均濫承安燠

之榮空慚不稱之責無任感恩激切之至

進交趾獻奇獸賦表 嘉祐八年九月初三日上

臣光言今月二十五日有詔諭崇政殿觀交州所獻異獸曰

麒麟者臣愚不學不足以識異物竊以麟瑞獸也曠世而

不可覿其於經有名而無形傳記有形而去聖久遠狼說

紛揉自非聖人莫能識其真兒承學之臣固不能決其是

08826、08827 司馬文正公集略三十一卷詩集七卷 （宋）司馬光

撰　明嘉靖十八年（1539）俞文峰刻本

匡高19.5厘米，廣13.9厘米。半葉十一行，行二十二字，小字雙行同，白
口，四周單邊。黑龍江省圖書館、浙江大學圖書館藏。

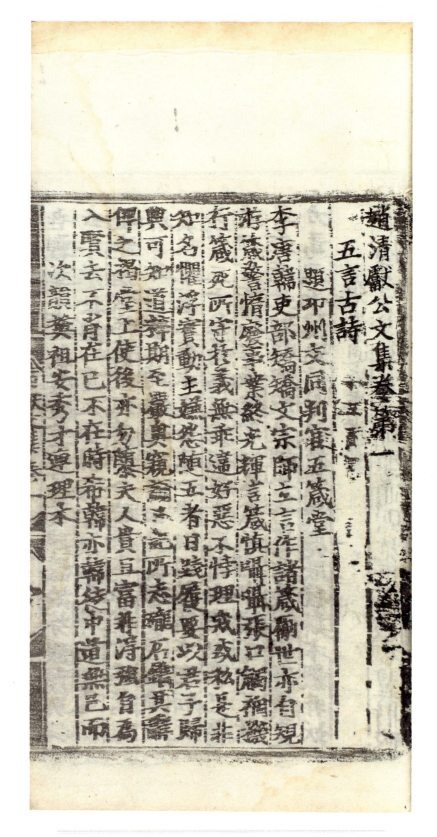

08828 趙清獻公文集十卷目録二卷 （宋）趙抃撰　明成化七年（1471）

閻鐸刻本

匡高20厘米，廣13.8厘米。半葉十一行，行二十字，黑口，四周雙邊。卷六至七抄配。有"樂琴書以消憂"、"海叟氏"等印。雲南大學圖書館藏，存十卷。

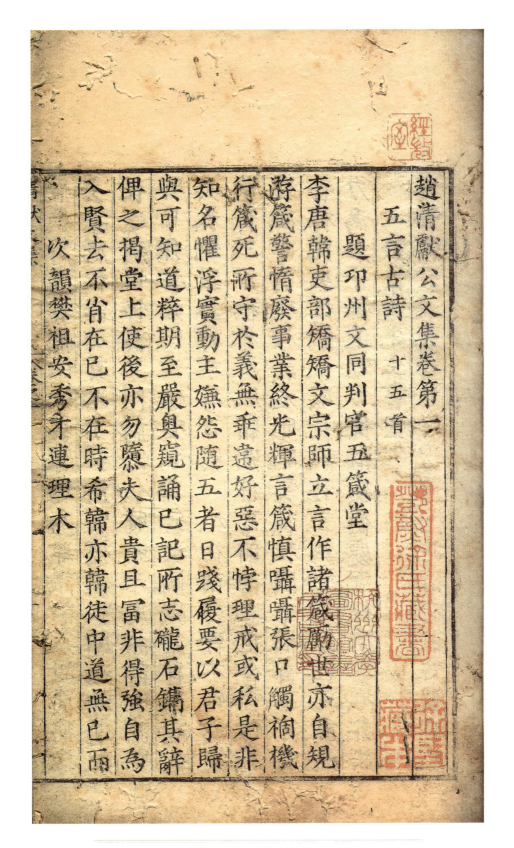

趙清獻公文集卷第一

五言古詩 十五首

題邛州文同判官五箴堂

李唐韓吏部矯矯文宗師立言作諸箴

游箴警惰廢事業終光輝言箴慎囁囁張口觸禍機

行箴死所守於義無乖遺好惡不悖理戒或私是非

知名懼浮實動主媿怨隨五者日踐履要以君子歸

與可知道粹期至嚴奧窺誦已記所志礱石鑴其辭

俾之揭堂上使後亦勿隳夫人貴且富非得強自為

入賢去不省在已不在時希韓亦韓徒中道遇無已而

次韻樊祖安秀才連理木

08829、08830 趙清獻公文集十卷 （宋）趙抃撰 **附録一卷** 明嘉靖

四十一年（1562）汪旦刻本

匡高19.5厘米，廣13.7厘米。半葉十一行，行二十字，白口，左右雙邊。有

"浙江衢州府西安縣儒學訓導汪旦校刊"牌記。浙江大學圖書館、江蘇省常

熟市博物館藏。

欽定四庫全書

公是集卷一

賦一

秦昭和鐘賦并序

宋 劉敞 撰

第一頁前四行 崇欲序云古賦歸
之內集律賦歸之小集今既編為
一集古賦存者僅七篇列之于前
兩律賦則列于後其餘各體俱
不復存內集小集外集等細目

一頁後三行 案宋史敞本傳畧
進士廷試第一編排官王堯臣其內
兄也以親嫌自列乃以為第四謂
使予居天下第一應指此事

秘閣有秦昭和鐘形制絕異其始得之幽雍
之間其銘首曰不顯朕皇祖十有二公云云
其藏於冊府久矣予因為之賦直集賢院作
閱故府之藏器歷先秦之遺蹤哀三代之逾遠美昭和

欽定四庫全書

公是集

一

08831 公是集五十四卷 （宋）劉敞撰　清四庫全書館抄本

匡高22.2厘米，廣15.2厘米。半葉八行，行二十一字，紅格，白口，四周雙邊。天津圖書館藏。

南豐先生元豐類稾卷第一

古詩

冬望

霜餘荆吳倚天山鐵色萬仞光鋩開麻姑寂寞秀插東
極一峯挺立高嵬嵬我生智出豪俊下遠跡久此安
蒿萊譬如駏驢踏天路六轡瑲瑲議收鷰駘巔崖初冬
未氷雪蘚花入礛思莫裁長松夾樹蓋十里蒼顏毅
氣不可廻浮雲栁絮誰汝礙欲往自尼誠愚哉南窻
聖賢有遺文瀟簡字字傾琪瑰現旁搜遠探得户牖入

08832 南豐先生元豐類稾五十卷 （宋）曾鞏撰 **續附一卷** 明隆慶
五年（1571）邵廉刻本
匡高19.8厘米，廣14.2厘米。半葉十行，行二十字，小字雙行同，白口，四
周單邊。浙江圖書館藏。

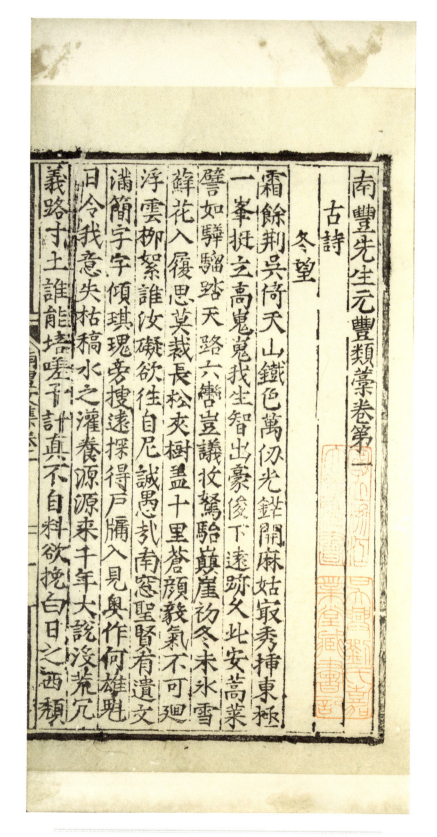

08833　南豐先生元豐類藁五十一卷　（宋）曾鞏撰　明成化八年（1472）

南豐縣刻遞修本

匡高22.6厘米，廣13.9厘米。半葉十一行，行二十一字，小字雙行同，黑口，四周雙邊。浙江圖書館藏。

南豐先生元豐類藁卷第一

巡按直隸監察御史後學金谿黃希憲重校刊

古詩

冬望

霜餘荆吳倚天山鐵色萬仞光鎩開麻姑寂秀挿東極
一峯挺立高覺巋我生智出豪後下遠跡久此安蒿萊
譬如驊騮踏天路六轡豈謹收駕蘸蘱崖初冬未冰雪
蘇花入偎思莫裁長松夾樹蓋十里蒼顏毅氣不可迴
浮雲柳絮誰汝礙欲徃自尾誠愚哉南窗聖賢有遺文
瀟簡字字傾琪瑰旁搜遠探得戶牖入見奧作何雄魁
日令我意失枯槁水之灌養源源來千年大詵沒荒冗

南豐集卷一

一三百九十

08834-08836 南豐先生元豐類藁五十一卷 （宋）曾鞏撰　明嘉靖

四十一年（1562）黃希憲刻本

匡高20.5厘米，廣13.5厘米。半葉十一行，行二十一字，細黑口，左右雙

邊。吉林大學圖書館、浙江大學圖書館、重慶圖書館藏。

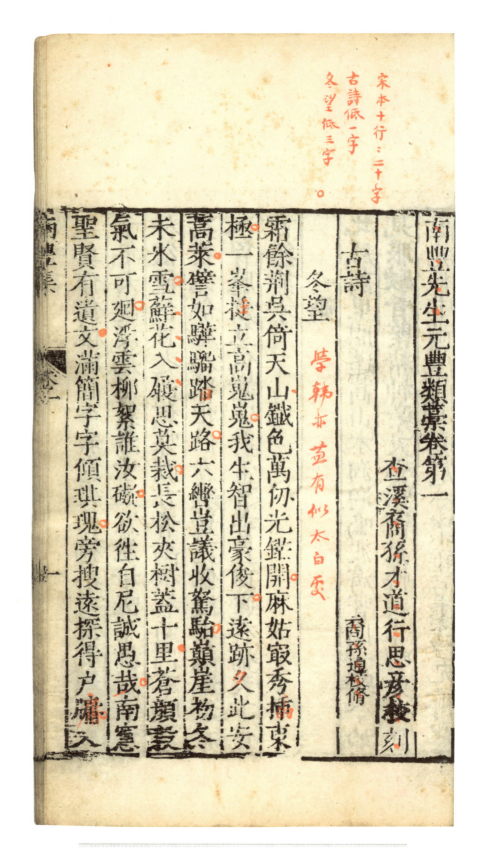

08837　南豐先生元豐類藁五十一卷　（宋）曾鞏撰　明萬曆二十五年
（1597）曾敏才刻遞修本
匡高18.2厘米，廣13厘米。半葉十行，行二十字，白口，四周單邊。佚名録
何焯批校。山西大學圖書館藏。

論

南豐曾先生文粹卷之一

盱江　張光啓　校
無錫後學安如石　刊

唐論　峻潔　此等議論自曾王以前無人道來

成康沒而民生不見先王之治日入於亂以至於秦盡
除前聖數千載之法天下既攻秦而亡之以歸於漢漢
之為漢更二十四君東西再有天下垂四百年然大抵
多用秦法其改更秦事亦多附已意非放先王之法而
有天下之志也有天下之志者文帝而已然而天下之

起句中即伏後
意

文帝有一賈生
而不能用然則

08838、08839 南豐曾先生文粹十卷　（宋）曾鞏撰　明嘉靖二十八年（1549）安如石刻本

匡高20.1厘米，廣14.4厘米。半葉十行，行二十一字，白口，左右雙邊。首都圖書館藏，有"無竟先生獨志堂物"、"單茹泰"、"北平孔德學校之章"等印；遼寧大學圖書館藏，有"荃孫"、"雲輪閣"、"友年所見"、"古書流通處"等印。

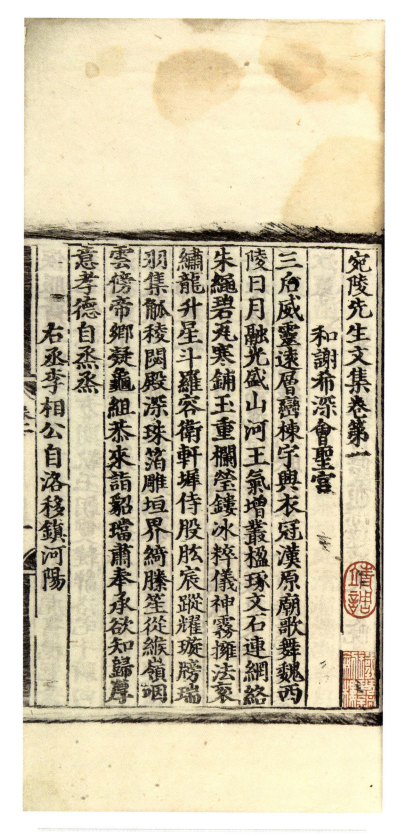

08840 宛陵先生文集六十卷拾遺一卷 （宋）梅堯臣撰　**附録一卷 明**

正統四年（1439）袁旭刻本

匡高19.2厘米，廣14.8厘米。半葉十行，行十九字，黑口，四周雙邊。有
"葛鼎私印"、"靖調"、"鐵琴銅劍樓"等印。國家圖書館藏。

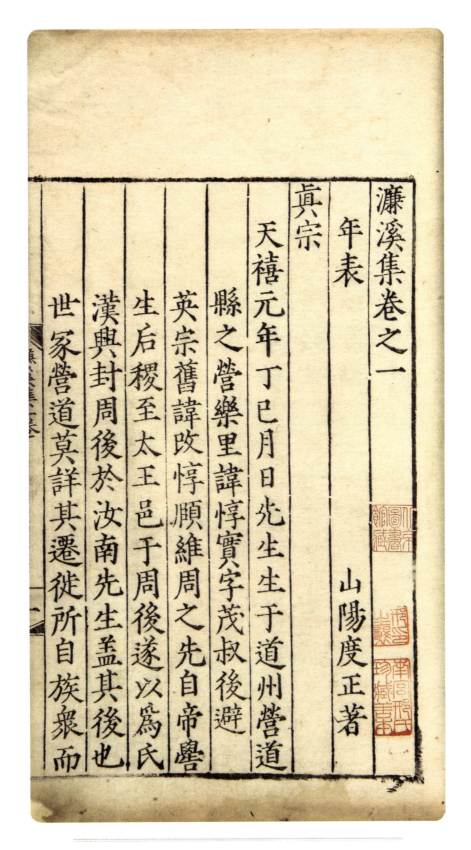

08841 濂溪集六卷 （宋）周敦頤撰　明嘉靖十四年（1535）黃敏才刻本

匡高20.2厘米，廣13.5厘米。半葉九行，行十六或十七字，細黑口，四周單邊。有"謙牧堂藏書記"、"兼牧堂書畫記"、"葉氏德輝鑒藏"、"觀古堂"等印。國家圖書館藏。

節孝先生文集卷第一

詩十首

忠烈詩 并序

皇祐四年山陽趙公以贊善大夫守晉康未
逾厥月儂智高起於廣源遂及邕州賊乘其
銳勢如飄風突至晉康乘城而鬭公率羸師
數百身為扞蔽手殺數十人又射其二驍帥
應弦俱倒賊勢雖沮而其徒大至盡銳攻之
於是軍吏輩請公避賊公曰全家喋著是國

二百七三

卷一

08842 節孝先生文集三十卷 （宋）徐積撰 節孝先生語一卷節孝集
事實一卷附載一卷 清康熙六十年（1721）王邦采刻本
匡高16.4厘米，廣12厘米。半葉九行，行十八字，小字雙行二十三字，細黑
口，四周單邊。蘇州圖書館藏。

居士集卷第一

古詩三十八首

顏跖

顏回飲瓢水陋巷卧曲肱盜跖厭人肝九州恣橫行回仁而
短命跎壽死免兵愚夫仰天呼禍福豈足憑跖身一腐鼠死
朽化無形萬世尚遺穢筆誅甚刀刑思其生所得斃犬飽臭
腥顏子聖人徒生知自誠明惟其生之樂豈減跖所縈死也
至今在光輝輝光如日星譬如埋金玉不耗精與英生死得
失間較量誰重輕善一惡埋如此曵尤天不平

08843 居士集五十卷 （宋）歐陽修撰 （明）曾魯考異 明洪武六年（1373）永豐縣學刻嘉靖二十四年（1545）重修本

匡高24厘米，廣14.8厘米。半葉十一行，行二十三字，小字雙行同，黑口，四周單邊。浙江圖書館藏。

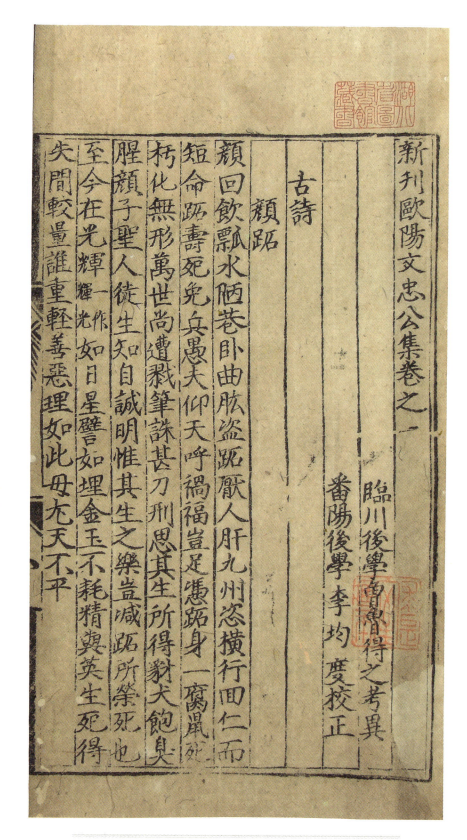

08844 新刊歐陽文忠公集五十卷 （宋）歐陽修撰 （明）曾魯考異 明

刻本

匡高19.8厘米，廣12.7厘米。半葉十一行，行二十三字，黑口，四周雙邊。

有"求是室藏本"等印。湖北省圖書館藏。

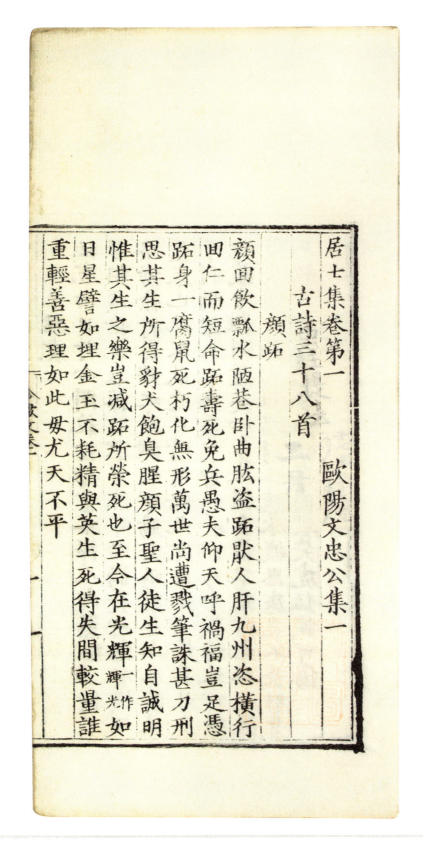

居七集卷第一　歐陽文忠公集一

古詩三十八首

顔跖

顔回歙瓢水陋巷卧曲肱盜跖猒人肝九州恣橫行

囘仁而短命跖壽死免兵愚夫仰天呼禍福豈足憑

跖身一腐鼠死朽化無形萬世尚遭戮筆誅甚刀刑

思其生所得豺犬飽臭腥顔子聖人徒生知自誠明

惟其生之樂豈减跖所榮死也至今在光輝　輝光作如

日星譬如埋金玉不耗精與英生死得失間較量誰

重輕善惡理如此毋尤天不平

08845、08846 歐陽文忠公集一百五十三卷 〔宋〕歐陽修撰　**年譜一卷** 〔宋〕胡柯撰　**附錄六卷**　明正德七年（1512）劉喬刻嘉靖十六年（1537）季本、詹治重修三十九年（1560）何遷遞修本

匡高20厘米，廣13.2厘米。半葉十行，行二十字，白口，四周雙邊。天津圖書館藏；浙江圖書館藏，存一百五十九卷。

歐陽文忠公全集卷一

譜二

　族譜圖序

　譜圖

　年譜

　　族譜圖序 石本

歐陽氏之先本出於夏禹之苗裔自帝少康封其庶

子於會稽使守禹祀歷夏商周以世相傳至于允常

子曰句踐是爲越王越王句踐傳五世至王無疆爲

楚威王所滅其諸族子分散爭立皆受封於楚而無

〔歐文忠公族譜卷二〕

08847-08849 歐陽文忠公全集一百三十五卷 （宋）歐陽修撰　明嘉

靖三十四年（1555）陳珊刻本

匡高20.3厘米，廣14.2厘米。半葉十行，行二十字，小字雙行同，白口，左

右雙邊。浙江圖書館、福建省圖書館、湖北省圖書館藏。

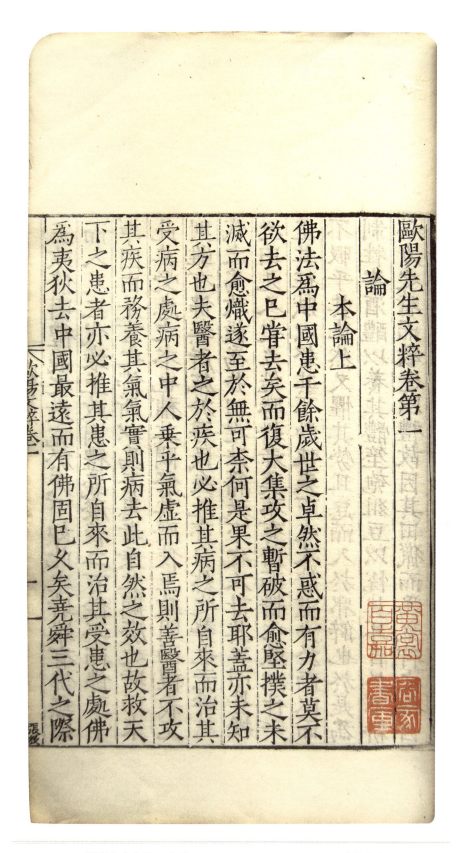

歐陽先生文粹卷第一

論

本論上

佛法爲中國患千餘歲世之卓然不惑而有力者莫不欲去之巳嘗去矣而復大集攻之暫破而愈堅撲之未滅而愈熾遂至於無可柰何是果不可去耶蓋亦未知其方也夫醫者之於疾也必推其病之所自來而治其受病之處病之中人乘乎氣虛而入焉則善醫者不攻其疾而務養其氣氣實則病去此自然之效也故救天下之患者亦必推其患之所自來而治其受患之處佛爲夷狄去中國最遠而有佛固巳久矣堯舜三代之際

〈歐陽文粹卷一〉

08850—08852 **歐陽先生文粹二十卷** （宋）歐陽修撰 （宋）陳亮輯 **遺粹十卷** （宋）歐陽修撰 （明）郭雲鵬輯 明嘉靖二十六年（1547）郭雲鵬寶善堂刻本

匡高18厘米，廣13.8厘米。半葉十一行，行二十一字，白口，左右雙邊。吉林省圖書館藏，有"江陰繆氏珍藏"、"來燕榭珍藏記"、"黃裳藏本"等印；浙江大學圖書館、江蘇省常熟市博物館藏。

歐陽文忠公文抄卷一

準詔言事上書

歐公經畧已具見其概矣

月日臣脩謹昧衆再拜上書于皇帝陛下臣近

準詔書許臣上書言事臣學識愚淺不能廣引

深遠以明治亂之原謹採當今急務條爲三弊

五事以應詔書所求伏惟陛下裁擇臣聞自古

王者之治天下雖有憂勤之心而不知致治之

侯有關閉手

歐文 卷一 一

08853 歐陽文忠公文抄十卷 （宋）歐陽修撰 （明）茅坤評 明刻朱墨

套印本

匡高20.3厘米，廣14.6厘米。半葉八行，行十八字，白口，四周單邊。福建

師範大學圖書館藏。

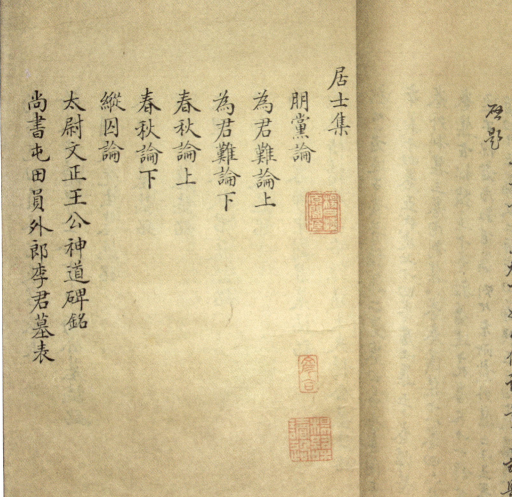

08854 宋六一先生文鈔不分卷 （宋）歐陽修撰 （明）歸有光輯 清書

巢居士抄本

半葉九行，行二十字。有"保彝私印"等印。書巢居士批校并跋。山東省圖書館藏。

本論中

　　　　　　　歐陽修 字永叔

佛法為中國患千餘歲世之卓然不惑而有力者莫不欲去之已
嘗去矣而復大集攻之暫破而愈堅撲之未滅而愈熾遂至於無
可奈何是果不可去邪蓋亦未知其方也夫醫者之於疾也必推
其病之所自來而治其受病之處病之中人乘乎氣虛而入焉則
善醫者不攻其疾而務養其氣氣實則病去此自然之效也故救
天下之患者亦必推其患之所自來而治其受患之處佛為夷狄
去中國最遠而有佛固已久矣堯舜三代之際王政修明禮義之
教充於天下於此之時雖有佛無由而入及三代衰王政闕禮義

08855 歐陽文醇讀本一卷 （宋）歐陽修撰 清嘉慶十七年（1812）松
竹軒抄本
半葉九行，行二十五字。有“東郡楊二”、“楊紹和讀過”、“楊氏海源閣
藏”、“彥合”、“保彝私印”、“鳳阿”等印。沈雄士等批校幷跋。山東
省圖書館藏。

范忠宣公文集卷第一

後學時兆文校正

後學黃姬水校正

後學李鳳翔校

十六世孫惟元同校

十五世孫啟父同校

古賦二首

秋風吹汝水賦 時作襄城宰汝州太守席上賦

歲作噩之窮秋兮策羸驂而獨征嗟旅懷之羈憤兮感

時律之峥嶸遵汝流之縈紆兮背嵩峯之翠橫號霜風

之憭慄兮蕭天地而凄清獵葭葦于晚岸兮雜紅翠之

三百廿五

08856 范忠宣公文集二十卷 （宋）范純仁撰　明嘉靖范惟元等刻本

匡高21.4厘米，廣15.1厘米。半葉十一行，行二十一字，小字雙行同，白口，左右雙邊。浙江圖書館藏。

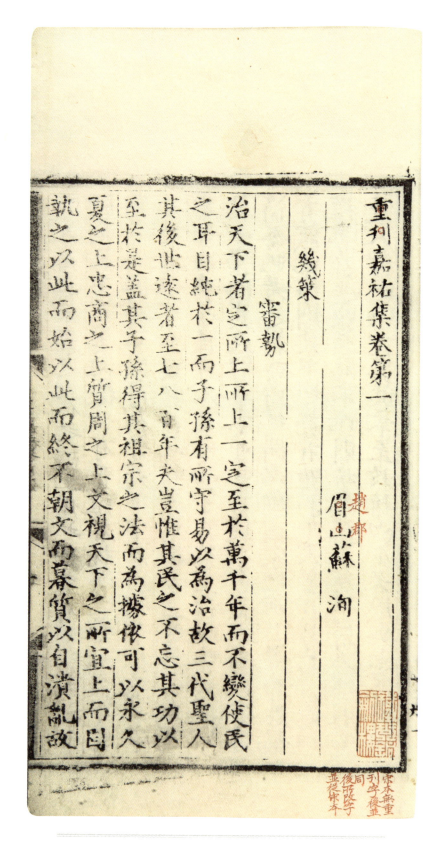

08857 重刊嘉祐集十五卷 （宋）蘇洵撰 明刻本

匡高20.4厘米，廣13.4厘米。半葉十行，行二十一字，黑口，四周雙邊。王
振聲跋并録蔣杲、黄丕烈校。國家圖書館藏。

蘇老泉文集卷一

幾策

審勢　吉倚老泉幾策所以作也

焦竑曰易言幾者言之先見者也何不兼言凶見幾而作凶六

茅坤曰宗忠厚
立國其春也弱
故藕氏父子往
往注議于此以
矯當世看他四
護轉撝救首敕
尾之妙

治天下者定所上所上一定至於千萬年而不
變使民之耳目純于一而子孫有所守易以為
治故三代聖人其後世遠者至七八百年夫豈
惟其民之不忘其功以至于是蓋其子孫得其
祖宗之法而爲依據可以永父夏之尚忠商之

立一句大意起

蘇老泉集　卷一
蘇老泉集　卷一

08858　蘇老泉文集十三卷　（宋）蘇洵撰　（明）茅坤　焦竑等評　明凌
濛初刻朱墨套印本
匡高20.2厘米，廣14.7厘米。半葉八行，行十八字，白口，四周單邊。故宮
博物院藏。

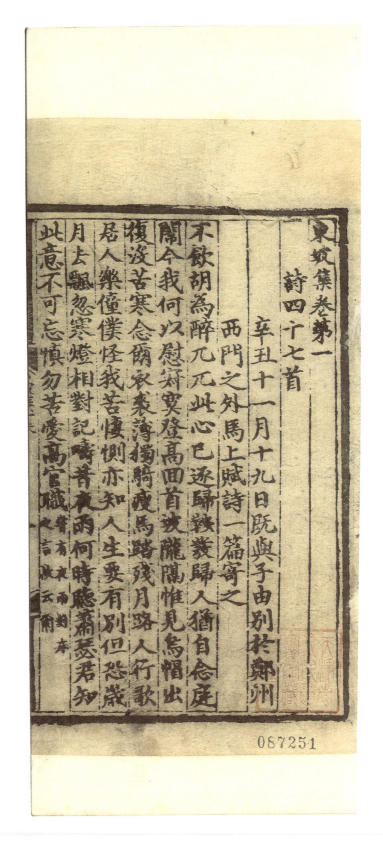

087251

08859 東坡集四十卷後集二十卷奏議十五卷內制集十卷樂語一卷外制集三卷應詔集十
卷續集十二卷　（宋）蘇軾撰　年譜一卷　（宋）王宗稷撰　明成化四年（1468）程宗刻本
匡高20.2厘米，廣13厘米。半葉十行，行二十字，小字雙行同，黑口，四周雙邊。天津圖書館藏。

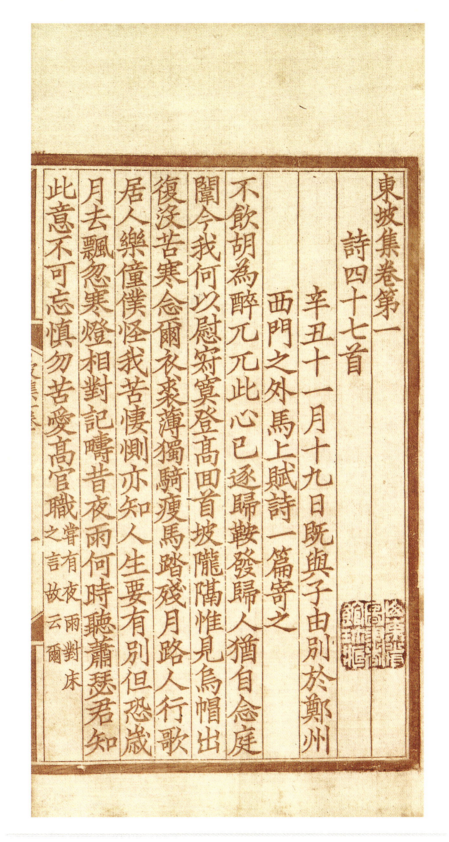

08860 東坡集四十卷後集二十卷奏議十五卷內制集十卷樂語一卷外制集三卷應詔集十卷續集十二卷 （宋）蘇軾撰 年譜一卷 （宋）王宗稷撰 清光緒三十四年至宣統元年（1908－1909）端方寶華盦刻朱印本

匡高20.2厘米，廣13.3厘米。半葉十行，行二十字，紅格，紅口，四周雙邊。繆荃孫批校。山東省圖書館藏，存一百三卷。

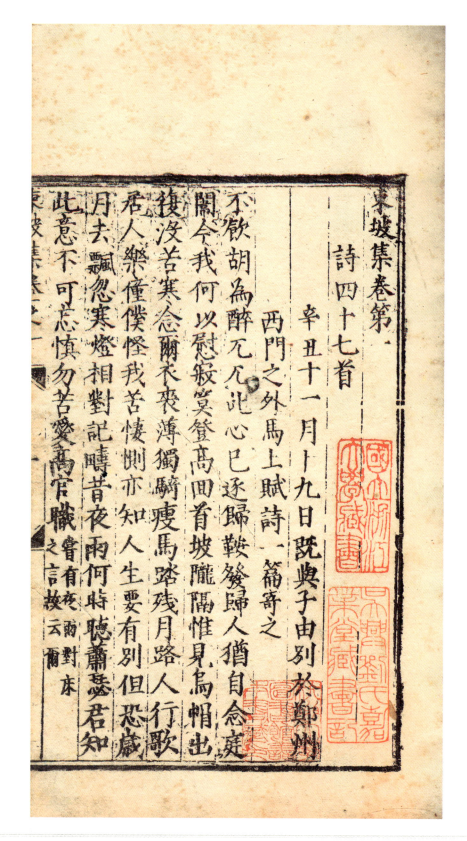

08861、08862 蘇文忠公全集一百十一卷 （宋）蘇軾撰 **年譜一卷** （宋）王宗稷撰 **東坡先生墓志銘一卷** 明

嘉靖十三年（1534）江西布政司刻本

匡高20.4厘米，廣13厘米。半葉十行，行二十字，小字雙行同，白口，四周雙邊。浙江大學圖書館藏；中山大學圖書館藏，無
卷六至七、東坡先生墓志銘一卷，有“桂林唐氏仲實珍藏圖籍”、“函雅樓藏書印”、“仁和吳生學濂”、“曦洲”等印，存
一百十卷。

東坡外制集卷上

給事中兼侍講傅堯俞可吏部侍郎

南豐署勑論緫州下道□

敕士以德均至進則風俗厚而朝廷尊

論正而名器重此君子所以難合而朕

其官傳堯俞博學篤行久聞于世歷事四世挺然一

節懷道不試十年于茲朕欲聞仁人之言置之講席

非堯舜之道蓋未嘗言給事黃門未究其用往貳太

寧益脩厥官董正治典以稱先帝復古之意可

太常少卿趙瞻可戶部侍郎

敕理財正辭禁民為非曰義先王之論理財也必繼

東坡外制集卷之上

08863 蘇文忠公全集一百十一卷 （宋）蘇軾撰 **年譜一卷** （宋）王宗稷撰 **東坡先生墓志銘一卷** 明嘉靖十三年（1534）江西布政司刻公文紙印本

匡高19.8厘米，廣12.9厘米。半葉十行，行二十字，小字雙行同，白口，四周雙邊。浙江圖書館藏，存二十六卷。

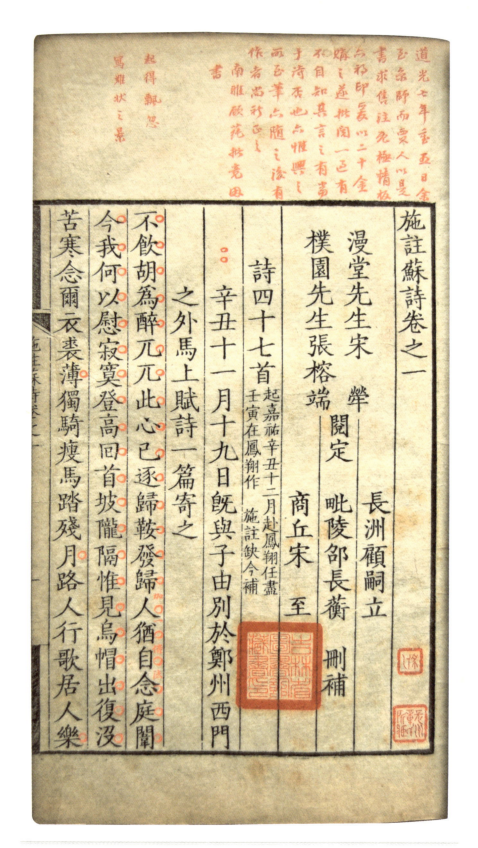

08864　施註蘇詩四十二卷總目二卷　（宋）蘇軾撰　（宋）施元之　顧禧注　（清）邵長蘅　顧嗣

立　宋至删補　**蘇詩續補遺二卷**　（宋）蘇軾撰　（清）馮景補注　**王注正訛一卷**　（清）邵長蘅

撰　**東坡先生年譜一卷**　（宋）王宗稷撰　清康熙三十八年（1699）宋犖刻本

匡高19厘米，廣14.4厘米。半葉十行，行二十一字，黑口，四周單邊。有"長州章氏所藏"等印。顧

蒓批。吉林省圖書館藏。

08865 蘇文忠公詩編註集成四十六卷集成總案四十五卷諸家雜綴酌存一卷蘇海識餘四卷箋詩圖一卷 （清）王文誥輯 清嘉慶二十四年（1819）王氏韻山堂刻本

匡高20.3厘米，廣14.7厘米。半葉十一行，行三十字，小字雙行同，白口，左右雙邊。翁同蘇批校并跋。蘇州大學圖書館藏，存六十四卷。

錢麓屏曰出著實語而情俶至

李卓吾曰時巳改詩賦之科故云甫

蘇長公表卷一

密州謝上表

臣軾言、昨奉勑差知密州軍州事、巳於今月三

日到任上訖草芥賤微致千洪造乾坤廣大曲

遂私誠受命撫躬巳自知其不稱入境問俗又

復過於所期臣軾中謝伏念臣家世至寒性資

甚下學雖篤志本先朝進士篆刻之文論不適

時皆老生常談陳腐之說分於聖世處以散材

蘇長公表卷一

08866 **蘇長公表啓五卷** （宋）蘇軾撰 （明）李贄等評 （明）錢樗輯　明

凌濛初刻朱墨套印本

匡高20.5厘米，廣14.8厘米。半葉八行，行十八字，白口，四周單邊。深圳

圖書館藏。

蘇長公合作卷一

赤壁賦

壬戌之秋七月既望蘇子與客泛舟遊於赤壁之
下清風徐來水波不興舉酒屬客誦明月之詩歌
窈窕之章少焉月出於東山之上徘徊於斗牛之
間白露橫江水光接天縱一葦之所如凌萬頃之
茫然浩浩乎如馮虛御風而不知其所止飄飄乎
如遺世獨立羽化而登仙於是飲酒樂甚扣舷而

蘇長公合作卷一

李九我曰此賦傲莊騷其天然之才淵然之誠其見之矣

邵二泉曰風月二字是一篇張本

逍遙篇列子御風而行冷然善也

陳眉公曰逸樂景斐斐疊疊令人心曠

月在水中謂空

08867 蘇長公合作八卷補二卷 （宋）蘇軾撰 （明）鄭奎輯 附錄一卷 明萬曆四十八年（1620）凌啓康刻三色套印本

匡高21厘米，廣14.5厘米。半葉八行，行十九字，白口，四周單邊。山東省圖書館藏。

茅鹿門曰東
坡試論葵字
悠楊婉宕協
屋巾極利者
也

蘇文卷之一

刑賞忠厚之至

堯舜禹湯文武成康之際何其愛民之深憂民之

切而待天下以君子長者之道也有一善從而賞

之又從而詠歌嗟歎之所以樂其始而勉其終有

一不善從而罰之又從而哀矜懲創之所以棄其

舊而開其新故其吁俞之聲歡休慘戚見于虞夏

商周之書成康既没穆王立而周道始衰然猶命

其臣呂矦而告之以祥刑其言憂而不傷威而不

省試以求坡兩作時論也天才燦然自不可及

東坡　卷一　　一

08868—08870 蘇文六卷 〔宋〕蘇軾撰 〔明〕茅坤等評 明閔爾容刻三色套印本

匡高20.3厘米，廣14.5厘米。半葉九行，行十九字，白口，四周單邊。東北師範大學圖書館藏，有"夢選樓胡宗楙藏書"等印；吉林大學圖書館藏；安徽省圖書館藏，有"丁斐讀"、"曾在丁松塋家"、"匪棘堂藏書印"、"丁蕙英"、"丁威廉印"、"羅薏"、"吳興丁友恭堂珍藏"等印。

蘇文忠公策選卷之一

歸安鹿門茅坤

景陵伯敬鍾惺　批評

御試制科策一道

皇帝若曰朕承祖宗之大統先帝之休烈深惟

寡昧未燭於理志勤道遠治不加進夙興夜寐

于兹三紀朕德有所未至教有所未孚關政尚

多和氣或鬱田野雖闢民多亡聊邊境雖安兵

不得撤利入已淺浮費彌廣軍冗而未練官冗

蘇文忠公策選卷一　　一

08871 蘇文忠公策選十二卷　（宋）蘇軾撰　（明）茅坤　鍾惺評　明天

啓元年（1621）刻三色套印本

匡高20.5厘米，廣14.8厘米。半葉九行，行十九字，白口，四周單邊。深圳

圖書館藏。

東坡文選第一卷

賦

○○天慶觀乳泉賦

陰陽之相化天一爲水六者其壯而一者其稺也夫
物老衆於坤而萌芽於復故水者物之終始也意水
之在人寰也如山川之蓄雲草木之含滋漠然無形
而爲往來之氣也爲氣者水之生而有形者其衆也
衆者鹹而生者甘甘者能往能來而鹹者一出而不
復返此陰陽之理也吾何以知之蓋嘗求之於身而

08872-08874 東坡文選二十卷 〔宋〕蘇軾撰 〔明〕鍾惺輯并評 明閔氏刻朱墨套印本

匡高21厘米，廣15.2厘米。半葉九行，行二十字，白口，四周單邊。故宮博物院藏、山東省圖書館
藏；遼寧省圖書館藏，有"曾在丁松壑家"等印。

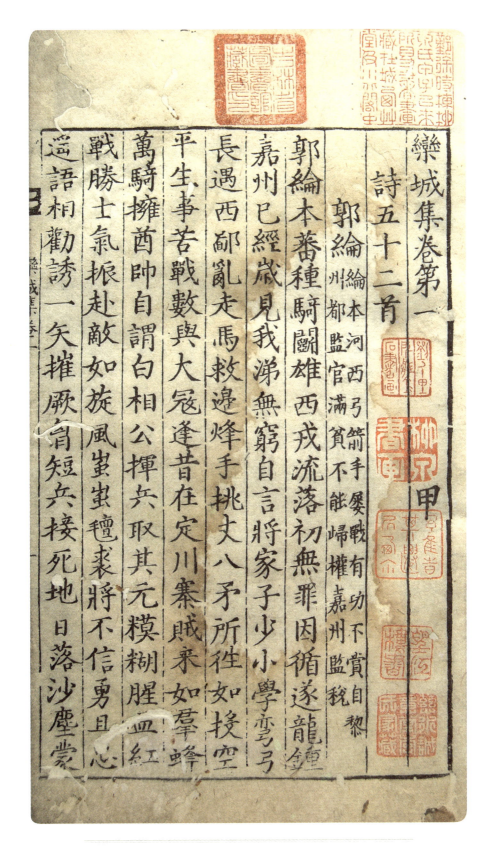

08875 欒城集五十卷後集二十四卷三集十卷應詔集十二卷 （宋）

蘇轍撰　　明嘉靖二十年（1541）蜀藩朱讓栩刻本

匡高21厘米，廣13.7厘米。半葉十行，行二十字，白口，四周單邊。徐時棟題
識。吉林省圖書館藏。

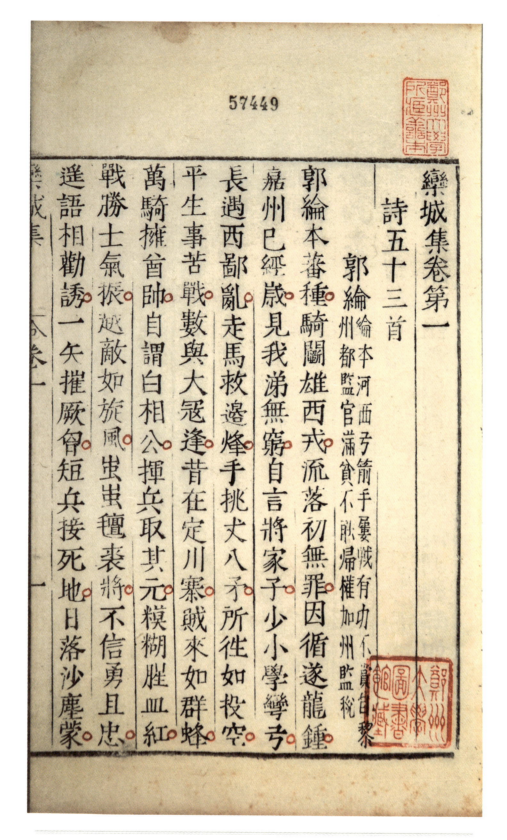

08876-08878 欒城集五十卷目録二卷後集二十四卷三集十卷 （宋）蘇轍撰　明活字印本

匡高19厘米，廣14.2厘米。半葉十行，行二十字，白口，四周單邊。長春圖書館藏；鄭州大學圖書館藏，有"慎宜軒"、"姚永概印"等印；河南省鄢陵縣圖書館藏，存四十七卷。

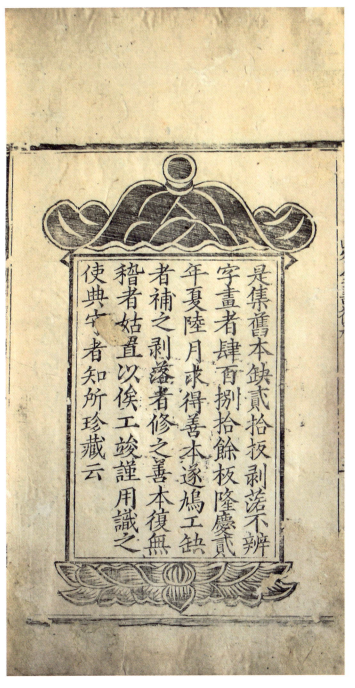

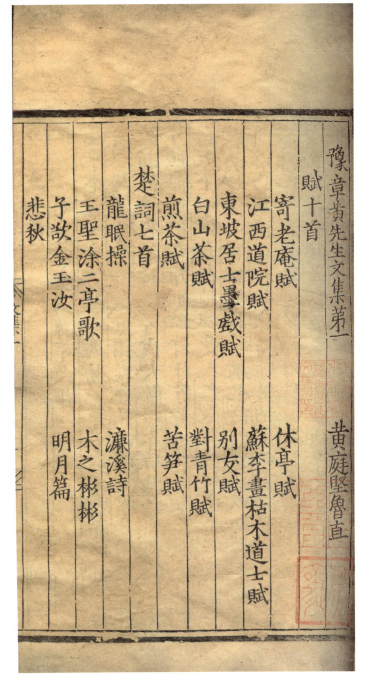

豫章黃先生文集第一

黃庭堅魯直

賦十首

寄老庵賦

江西道院賦

東坡居士墨戲賦

白山茶賦

煎茶賦

楚詞七首

龍眠操

王聖涂二亭歌

子歆金玉汝

悲秋

休亭賦

蘇李畫枯木道士賦

別友賦

對青竹賦

苦笋賦

濂溪詩

木之彬彬

明月篇

是集舊本鉄貳拾板剝落不辨

字畫者肆百捌拾餘板隆慶貳

年夏陸月求得善本遂鳩工鈙

者補之剝落者修之善本復無

稽者姑直以俟工竣謹用識之

使典守者知所珍藏云

08879、08880 豫章黃先生文集三十卷外集十四卷別集二十卷簡尺二卷詞一卷 〔宋〕黃
庭堅撰 **伐檀集二卷** 〔宋〕黃庶撰 **山谷先生年譜三十卷** 〔宋〕黃𥼀撰 明弘治葉天爵刻嘉靖
六年（1527）喬遷、余載仕重修本
匡高23.5厘米，廣16厘米。半葉十二行，行二十一至二十二字，白口，四周雙邊。浙江圖書館、浙江
大學圖書館藏。

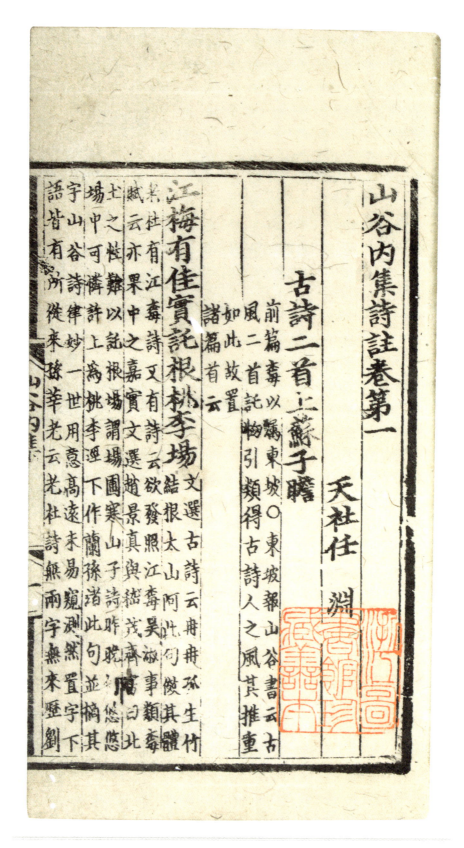

08881 山谷内集詩註二十卷 （宋）黄庭堅撰 （宋）任淵注 **山谷外集詩註十七卷** （宋）黄
庭堅撰 （宋）史容注 **山谷別集詩註二卷** （宋）黄庭堅撰 （宋）史季溫注 明弘治九年（1496）
陳沛刻本

匡高20.1厘米，廣13.1厘米。半葉九行，行十九或二十字，小字雙行同，黑口，四周雙邊。浙江圖書
館藏，存三十七卷。

山谷老人刀筆卷第一

初仕至館職一

上東坡先生

某再拜某齒少且賤又不肖無一可以事君子故

嘗望見眉宇於衆人之中而終不得俗使令於前

後伏惟閤下學問文章度越前輩大雅愷悌學博而

後求立朝以直言見排退補郡輔上課最可謂聲

實相富內外稱職凡此數者在人為難燕而閤下

之淵源如此而晼進之士不顧親炙此烈以增

所蘊海涵地負此特所見於一國一州荷耳惟閤

益其所不能則非人之情也使有之彼非用心於

富貴榮辱頭目眥計功道不同不相為謀則淺陋

08882 **山谷老人刀筆二十卷** （宋）黃庭堅撰 明刻本

匡高16.3厘米，廣11.8厘米。半葉十二行，行十九字，白口，左右雙邊。吉
林大學圖書館藏。

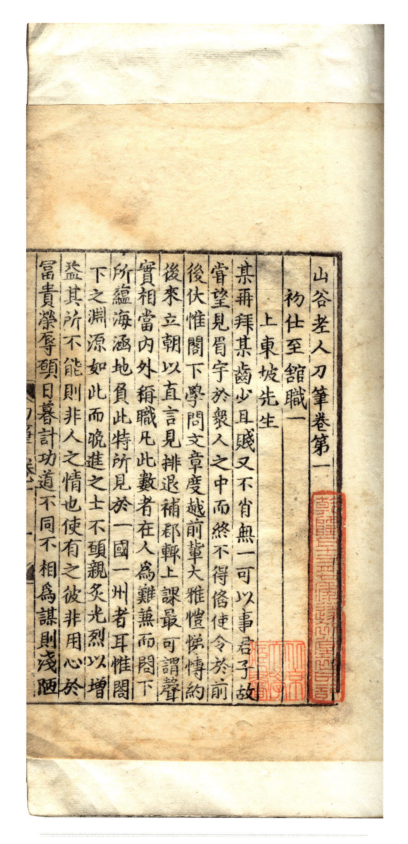

08883 山谷老人刀筆二十卷 （宋）黃庭堅撰　明刻本

匡高16.2厘米，廣11.7厘米。半葉十二行，行十九字，白口，左右雙邊。
有"乾隆五十有七年遂初堂初氏記"、"學言私印"等印。北京大學圖書
館藏。

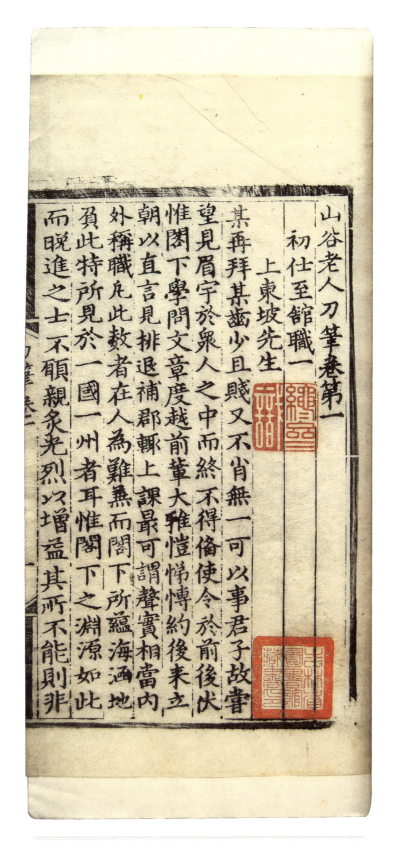

08884 山谷老人刀筆二十卷 （宋）黃庭堅撰 明刻本

匡高19.5厘米，廣12.3厘米。半葉十行，行二十字，黑口，四周雙邊。有
"綏珊六十以後所得書"、"繩齋識"等印。吉林省圖書館藏。

後山居士詩集卷一

妾薄命二首 爲曾南豐作

門人魏衍編

主家十二樓一身當三千古來妾薄命事主不盡年起
舞爲主壽相送南陽阡忍著主衣裳爲人作春妍有聲
當徹天有涙當徹泉死者恐無知妾身長自憐
葉落風不起山空花自紅捐世不待老惠妾無其終一
死尚可忍百歲何當窮天地豈不寬妾身自不容死者
如有知殺身以相從向來歌舞地夜雨鳴寒螿

08885 後山居士詩集六卷逸詩五卷詩餘一卷 （宋）陳師道撰 清雍正三年（1725）陳唐活字印本
匡高17.5厘米，廣12.4厘米。半葉九行，行二十一字，黑口，左右雙邊。周叔弢題識。天津圖書館藏。

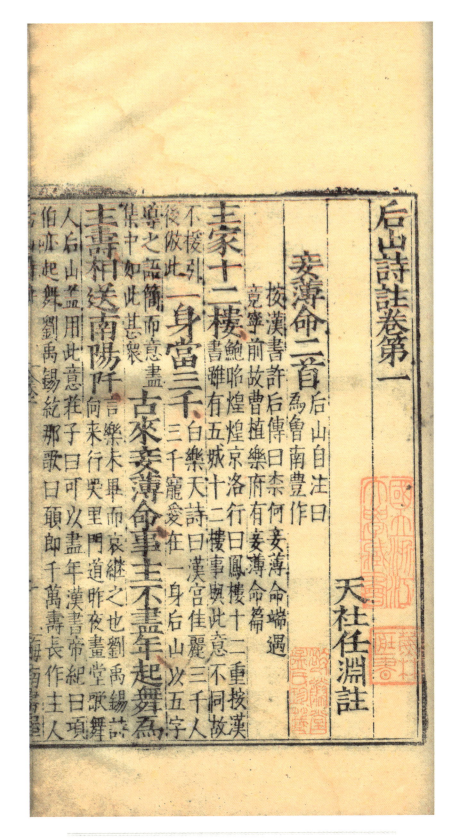

08886 后山詩註十二卷 （宋）陳師道撰 （宋）任淵注 明嘉靖十年

（1531）遼藩朱寵瀼梅南書屋刻本

匡高18.9厘米，廣13.5厘米。半葉九行，行二十字，小字雙行同，白口，四周雙邊。浙江大學圖書館藏。

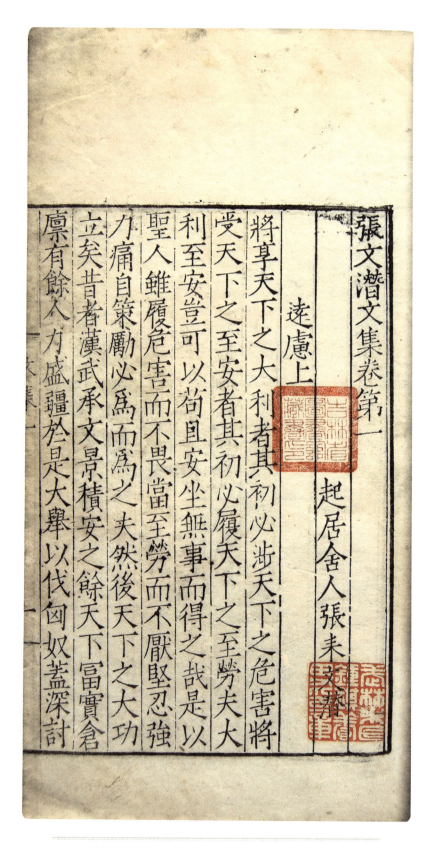

08887 張文潛文集十三卷 （宋）張耒撰　明嘉靖三年（1524）郝梁刻本

匡高19厘米，廣12.2厘米。半葉十行，行十八字，白口，左右雙邊。有"研
易樓藏書印"、"蘭笑樓藏書印"等印。吉林省圖書館藏。

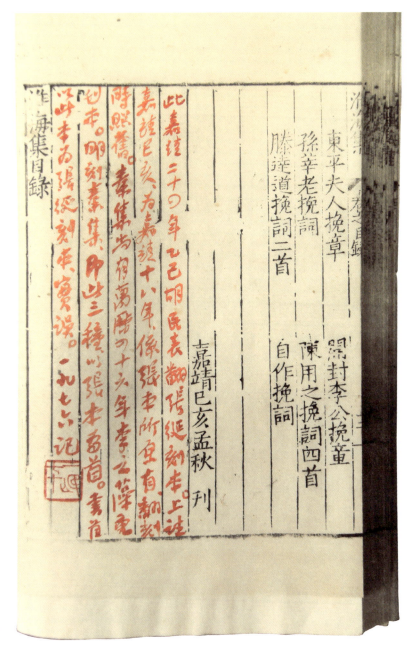

08888-08892 淮海集四十卷後集六卷長短句三卷 （宋）秦觀撰 明嘉靖二十四年（1545）胡民表刻本

匡高17.1厘米，廣13.3厘米。半葉十二行，行二十一字，小字雙行同，白口，四周單邊。吉林大學圖書館藏；黑龍江省圖書館藏，有"董伯葂收藏圖籍印記"、"小琅嬛室珍藏"、"董增儒讀書"等印；四川省圖書館藏，李一氓校并跋；雲南大學圖書館藏，李哲明校，有"畂民校讀"等印；山西博物院藏，傅增湘跋。

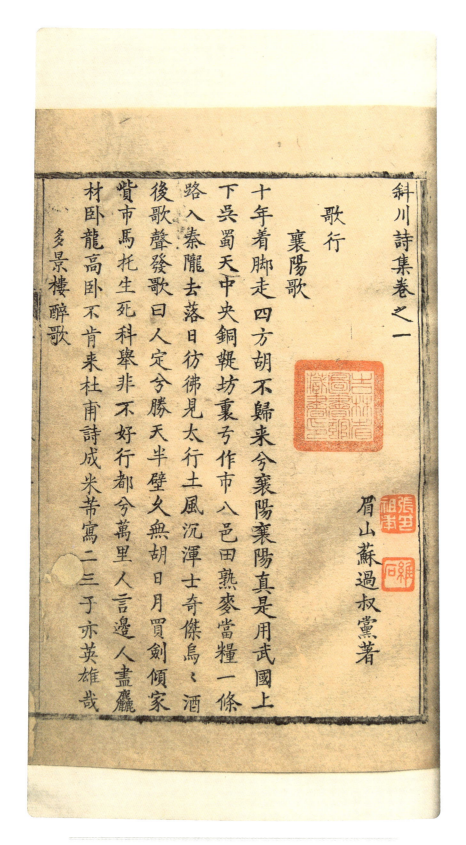

08893 斜川詩集十卷　題（宋）蘇過撰　清活字印本

匡高18.2厘米，廣13.3厘米。半葉十一行，行二十二字，黑口，左右雙邊。
吉林省圖書館藏。

龜山先生集卷第一

書一

　見明道先生書

其鄙朴無知不量力之不足也竊慕古人之學誦其書
論其世想見其爲人而師之有日矣然以淺聞甲見未
能灼知古人大體故刻意雖堅終未有得也嘗觀古之
爲士者所至遠近雖不同其秉節勵行皆有以自立於
世豈其材衆能過人耶特以先王教學之道明而士於
此時無秘習之蔽故也周道衰庠序之法廢故家遺俗
隨以熄滅幸而有孔子出焉振先王巳墜之教駕說於
當世而從之游者若參之魯師之辟由之鄙師之過喞

08894 **龜山先生集十六卷**　（宋）楊時撰　明弘治十五年（1502）李熙、

金瓚等刻遞修本

匡高18厘米，廣13.2厘米。半葉十一行，行十八字，白口，四周單邊。北京

大學圖書館藏。

龜山先生集卷第一

詩一

此日不再得示同學

此日不再得頹波注扶桑蹔蹔黃小群毛髮忽已蒼
頗言媚學子共惜此日光術業貴及時勉之在青陽
行矣慎所之戒哉畏迷方舜跖善利間所差亦毫芒
富貴如浮雲苟得非所臧貧賤豈吾羞逐物乃自戕
胝胝泰艱食一瓢古糟糠所逢義適然未殊行與藏
斯人已云沒簡編有遺芳希顏亦顏徒要在用心剛
譬猶適千里駕言勿徊徨驅車日云遠誰謂阻且長

08895 龜山先生集三十五卷 （宋）楊時撰 **年譜一卷** （宋）黃去疾

撰 **附錄一卷** 明正德十二年（1517）沈輝刻本

匡高21.5厘米，廣13.6厘米。半葉十行，行二十字，小字雙行同，黑口，四
周雙邊。有"綏珊所藏善本"、"琅園秘笈"等印。吉林大學圖書館藏。

浮溪文粹卷之二一

詔救

皇太后告天下手書足感動人心悲傷痛悼填

比以敵國興師都城失守復繞宮闕俄二帝之蒙塵諱及

宗祊謂三靈之政卜眾恐中原之無統姑今舊弼以臨朝

雖義形於色而以死為辭縱以事迫於危而非權莫濟內以

拯黔首將凶外以紓隣國見逼之威遂成九廟之安

坐免一城之酷乃以衰癃之質起於開廢之中迎置宮闈

進加位號舉欽聖已還之典成靖康欲復之心永言運數

之屯坐視邦家之覆撫船獨在流沸何從緬惟藝祖之開

08896 **浮溪文粹十五卷** （宋）汪藻撰 **附録一卷** 明正德元年（1506）

馬金刻本

匡高20厘米，廣13.4厘米。半葉十行，行二十二字，小字雙行同，黑口，四周雙邊。浙江圖書館藏。

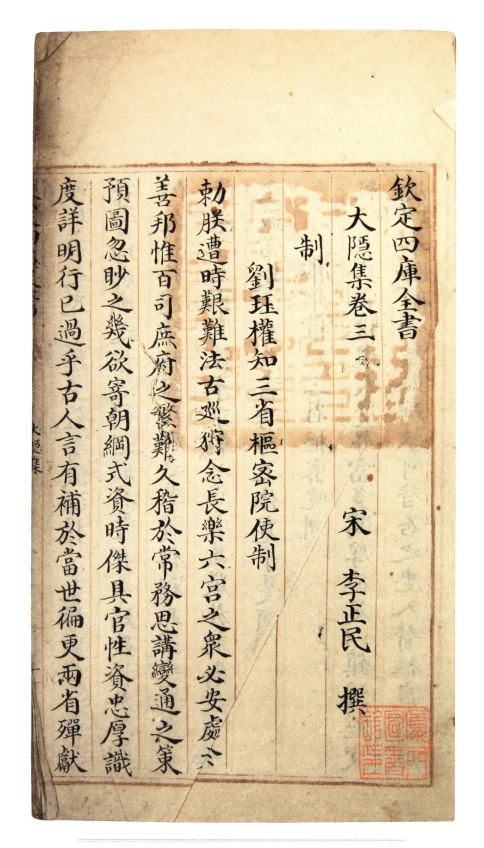

08897 大隱集十卷 （宋）李正民撰　清乾隆翰林院抄本

匡高22.3厘米，廣15厘米。半葉八行，行二十一字，紅格，白口，四周雙
邊。有"翰林院印"等印。厦門市圖書館藏，存八卷。

韋齋集卷之一

古詩

睢陽謁雙廟

新安朱松喬年撰

幽陵胡羯殘中原列城束手天子奔天留巨孽毒梁

宋賊壘環堞如雲屯凶波滔天不可遏塞以束薪何

足論力憑孤塘阻其怒不爾蒭食無黎元堂堂許張

勇且仁指揮巋卒氣愈振上書行在論賊勢想見憤

色吞妖氣人間貧賊容力避只有一死由來均二公

就此得處所至今日月爭新遺祠突兀岸清洛英

**08898 韋齋集十二卷 （宋）朱松撰　玉瀾集一卷 （宋）朱槹撰　明
弘治十六年（1503）酈瑤刻本**
匡高20.1厘米，廣14.2厘米。半葉十行，行二十字，白口，左右雙邊。浙江
圖書館藏。

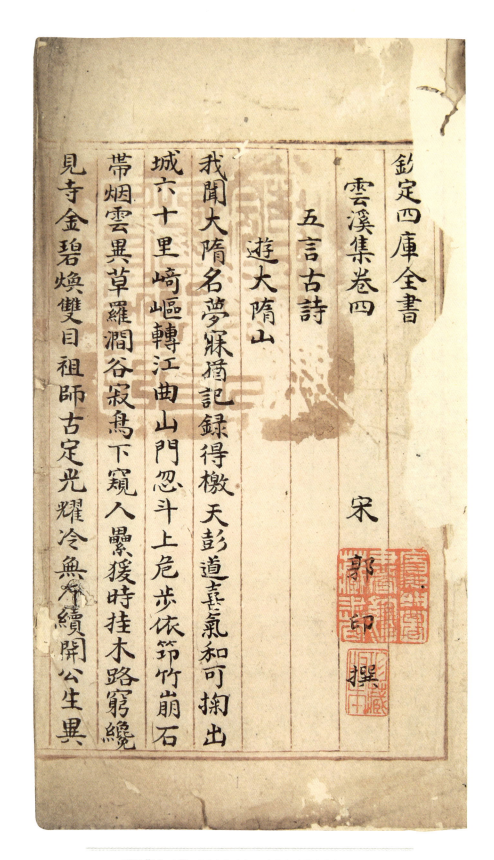

見寺金碧煥雙目祖師古定光耀冷無子續開公生異

帶烟雲異草羅澗谷寂爲下窺入巘猨時挂木路窮縈

城六十里崎嶇轉江曲山門忽斗上危步依節竹崩石

我聞大隋名夢寐猶記錄得樹天彭道嘉氣和可掬出

遊大隋山

五言古詩

雲溪集卷四

欽定四庫全書

宋 郭印 撰

08899 雲溪集十二卷 （宋）郭印撰 清乾隆翰林院抄本

匡高22.2厘米，廣15.2厘米。半葉八行，行二十一字，紅格，白口，四周雙邊。有"翰林院印"等印。厦門市圖書館藏。

屏山集卷第一

宋文靖公劉子翬著

論

聖傳論十首

堯舜

道之不明也閤之者晦之也道之不行也執之者

拘之也聖人既没步驟聖人者日益衆此甲彼乙

不能相續心有毛喙喙爭鳴承舜聽訛浸失其

本聖人之道散於百家蕩於末流匪於學者見聞

之外有密知其旨者發而揚之衆必愕貽非詆而

08900 屏山集二十卷 （宋）劉子翬撰 明弘治十七年（1504）刻本

匡高19.3厘米，廣12.5厘米。半葉十行，行十九字，黑口，四周雙邊。浙江
圖書館藏。

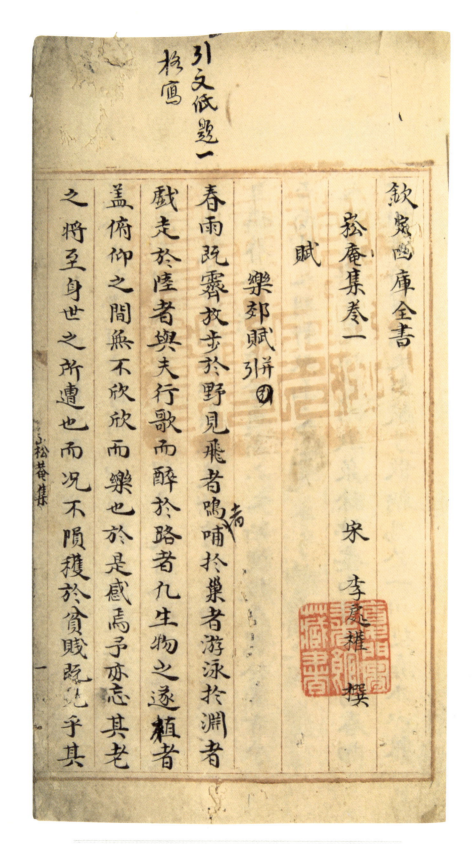

08901 崧庵集六卷 （宋）李處權撰　清乾隆翰林院抄本

匡高22厘米，廣15.3厘米。半葉八行，行二十一字，紅格，白口，四周雙邊。有"翰林院印"等印。廈門市圖書館藏，存四卷。

豫章羅先生文集卷第一

經解

詩解

見先生行實及延平郡守劉允濟繳進遵堯録狀郡

庠舊有墨本本不存

春秋解

見先生行實及劉允濟繳進遵堯録狀郡庠舊有墨

本今不存又按延平書院志先生遺書有春秋集說

疑即此書也

春秋指歸

春秋釋例

二書見先生行實及延平書院志沙陽志今不存遺

藁有春秋指歸序一篇見第十二卷

08902　豫章羅先生文集十七卷　（宋）羅從彥撰　**年譜一卷**　（元）曹

道振撰　明嘉靖三十三年（1554）謝鸞刻本

匡高19.8厘米，廣12.8厘米。半葉十三行，行二十三字，黑口，四周雙邊。

有"密庵藏書"、"雙鑑樓藏書印"、"佩德齋珍藏印"等印。傅增湘跋。

山西博物院藏。

和靜先生文集卷二

諫講和劄子

紹興八年冬十一月金人遣張通古爲詔諭江南使蕭哲爲明威將軍副之旦入境朝廷遣起居舍人范同接伴十一月甲申論中侍御史張戒曰不云江南殿是用我太祖之禮也上章力論之禮部侍郎曾開亦奏謂不當忘仇敵力而講和秦檜怒罷曾開職時先生在告朝野遑遑之議未定虜使在館已浹旬朝野遑遑疏乃上疏曰

臣輒罄愚衷上干聖聽退循僭易甘俟誅戮伏念臣

本山野陋儒絕意仕官靖康之難幸脫危辱遭遇陛

下遠加聘召不容固辭力疾造朝一歲四遷乞身未

08903、08904 和靜先生文集三卷 （宋）尹焞撰 **附錄一卷** 明隆慶

三年（1569）蔡國熙刻本

匡高18.4厘米，廣13.3厘米。半葉十行，行二十字，小字雙行同，白口，左

右雙邊。雲南大學圖書館、浙江圖書館藏。

岳集卷之一

浙江按察僉事華亭徐階　編

眉山張庭　校

宛陵焦煜　刊

傳類

岳飛字鵬舉相州湯陰人世力農父和能節食
以濟饑者有耕侵其地割而與之貰其財者不
責償飛生時有大禽若鵠飛鳴室上因以爲名
未彌月河決内黄水暴至母姚抱飛坐甕中衝

08905、08906 岳集五卷 （宋）岳飛撰 （明）徐階輯 明嘉靖十五年
（1536）焦煜刻本
匡高18厘米，廣13.5厘米。半葉九行，行十八字，白口，左右雙邊。國家
圖書館藏，有"張印壽鏞"、"四明張氏約園藏書"等印；山西大學圖書
館藏。

東萊先生詩集卷之一

呂本中　居仁

暮步至江上

客事久輸鸚鵡盃春愁如接鳳凰臺樹陰不礙
帆影過雨氣郤隨潮信來山似故人堪對飲花
如遺恨不重開雪籬風榭年々事々貪風光取
次囬

題張君墨竹崇寧五年宿州

張卿畫竹令成癖笑語揮毫不作難款見高標

紫薇集

卷一
一

08907 東萊先生詩集二十卷　（宋）呂本中撰　清初呂留良家抄本

半葉九行，行十八字。傅增湘、張宗祥校并跋。國家圖書館藏。

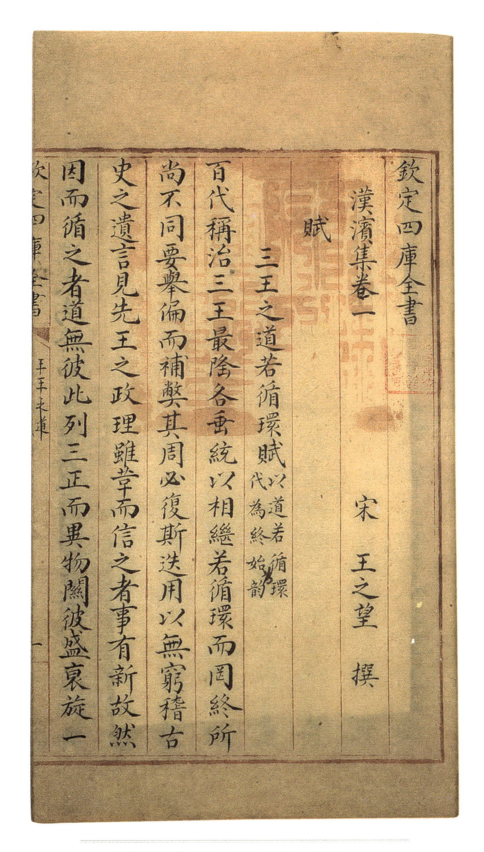

08908 漢濱集十六卷 （宋）王之望撰　清抄本[四庫底本]

匡高22.5厘米，廣15.3厘米。半葉八行，行二十五字，紅格，白口，四周雙
邊。有"翰林院印"等印。西安博物院藏。

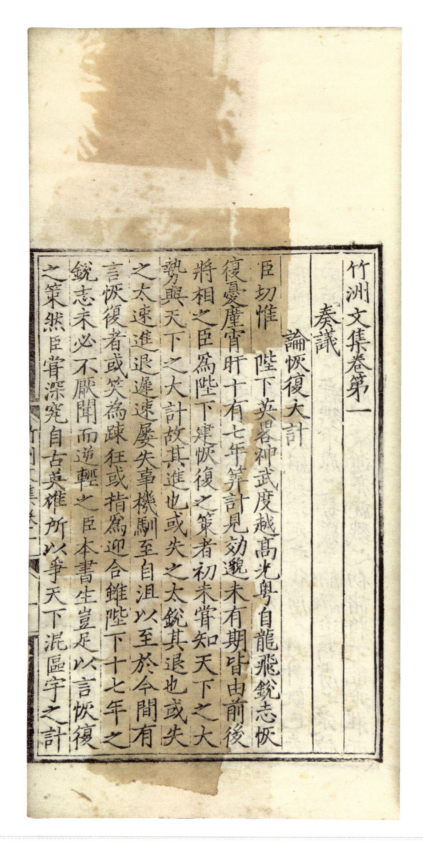

08909 竹洲文集二十卷 （宋）吳儆撰 **附錄一卷** 明弘治六年（1493）吳雷亨刻本

匡高18.6厘米，廣13.1厘米。半葉十一行，行二十一字，黑口，四周雙邊。有"翰林院印"、"涵芬樓"、"海鹽張元濟經收"等印。國家圖書館藏。

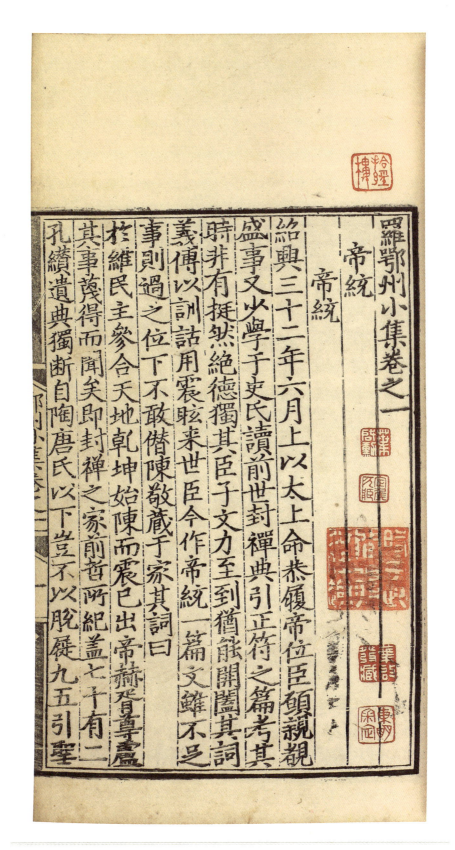

08910-08912 **羅鄂州小集五卷** （宋）羅願撰 **羅鄂州遺文一卷** （宋）羅頌撰 明洪武二年
（1369）羅宣明刻本

匡高20.4厘米，廣13.7厘米。半葉十一行，行二十一字，黑口，四周雙邊。中國科學院國家科學圖書
館、湖南圖書館藏；南京圖書館藏，卷二至三配明天啓六年（1626）羅明刻本，卷四配清抄本，卷五至
六、遺文、附錄配清吳允嘉抄本，有附錄一卷，丁丙跋。

艾軒先生文集卷之一

詩類

五言古

艾翁不但道學倡莆詩亦莆之祖用
字命意無及者後村雖工深厚不及
翁程叔子之流
也族孫俊

送別湖北漕李秘監仁甫

文字耻煙雲過眼徒浩
所有来見書惜哉吾巳
老子雲客長安陳迹如
一掃同叔尚来人我生苦
不早亦聞青城山斯翁為
有道瞿塘不可上秋夢
長顛倒白日来西崑一見
自應好縱譚百代前至

08913 艾軒先生文集十卷 （宋）林光朝撰　明正德十六年（1521）鄭岳
刻本
匡高17.1厘米，廣13.2厘米。半葉十行，行十九字，小字雙行同，白口，四
周單邊。浙江圖書館藏。

晦庵先生朱文公文集卷第一

詞

虞帝廟迎送神樂歌詞

虞帝廟迎送神樂歌者新安朱熹之所作也熹既
為太守張侯抵紀其新宮之績又作此歌以遺桂人使聲
于廟庭俾牲璧焉其詞曰皇胡為芳山之幽翳翳長薄芳俯
清流渺薶州芳何有眷慈土芳菴留皇之仁芳如在子我
民芳不窮以愛沛皇澤芳橫流暢威靈芳無外潔尊芳肥
組九歌芳招舞嗟莫報芳皇之祐皇欲下芳儼相羊烈風
雷芳暮雨

右迎神三章二章四句一章五句

虞之陽芳灘之滸皇降集芳巫婁舞桂酒湛芳瑤觴皇之

08914 晦庵先生朱文公文集一百卷目錄二卷續集十一卷別集十卷 〔宋〕朱熹撰 明嘉靖
十一年（1532）張大輪、胡岳等刻本
匡高18.9厘米，廣13.4厘米。半葉十二行，行二十二字，小字雙行同，白口，四周單邊。吉林大學圖
書館藏。

朱子大全卷之一

詞

虞帝廟迎送神樂歌詞

桂林郡虞帝廟迎送神樂歌者新安朱熹之所作也熹既
為太守張侯栻紀其新宮之績又作此歌以遺桂人使聲
於廟庭侑牲壁焉其詞曰皇胡為兮山之幽翳長薄兮俯
清流渺冀州兮何有眷茲土兮淹留皇之仁兮如在子我
民兮不窮以愛沛皇澤兮橫流暢威靈兮無外潔尊兮肥
俎九歌兮招舞嗟莫報兮皇之祐皇欲下兮儼相羊烈風
雷兮暮雨

右迎神三章二章四句一章五句

08915　朱子大全一百卷目錄二卷續集十卷別集十卷　〔宋〕朱熹

撰　明天順四年（1460）賀沈、胡緝刻本

匡高20.2厘米，廣12.9厘米。半葉十一行，行二十二字，小字雙行同，黑
口，四周雙邊。浙江圖書館藏，目錄卷上配清抄本，存一百九卷。

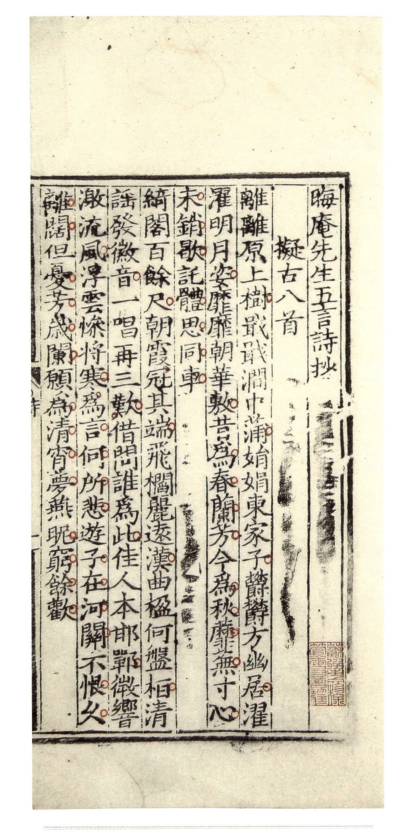

08916 晦庵文抄七卷詩抄一卷 （宋）朱熹撰 （明）吳訥輯 明成化十八

年（1482）周鳳等刻本

匡高21.2厘米，廣13.1厘米。半葉九行，行二十一字，黑口，四周雙邊。葉

裕仁、方宗誠跋，王振聲校幷跋。蘇州博物館藏。

晦菴文抄卷之一

明　國　子　監　祭　酒　海　虞　吳　訥　選編

文林郎巡按陝西四川道監察御史潁川張光祖會集

通奉大　夫布政使司左布政榮昌俞茂璒

通奉大　夫布政使司右布政使真定尹嗣忠校正

賦

感春賦

觸世塗之幽險兮攬予轡其安之慨埋輪而繫

馬兮指故山以為期仰皇鑒之昭明兮眷予袞

08917-08919 晦菴文抄十卷　（宋）朱熹撰　（明）吳訥　崔銑輯　明嘉

靖十九年（1540）張光祖刻本

匡高19.2厘米，廣13.9厘米。半葉九行，行十八字，白口，左右雙邊。吉林

大學圖書館藏，有"巴陵方氏碧琳瑯館珍藏古刻善本之印"等印；浙江大學

圖書館、雲南大學圖書館藏。

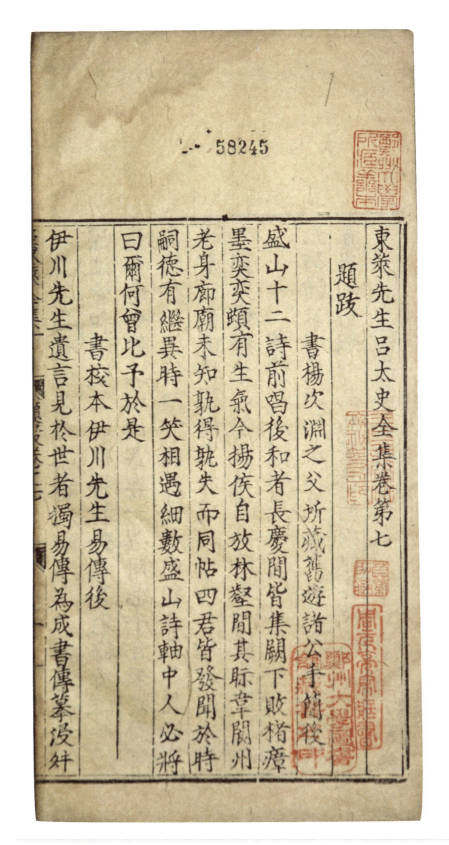

08920 東萊先生呂太史全集四十卷 （宋）呂祖謙撰　明嘉靖三年（1524）安正書堂刻本

匡高17.4厘米，廣11.9厘米。半葉十行，行二十字，白口，四周雙邊。有"嘉靖甲申歲孟冬安正書堂刊"牌記。有"周元亮家藏書"、"獨山莫氏"等印。鄭州大學圖書館藏，存三十四卷。

止齋先生文集卷之一

歌辭

暮之春六章章五句 先生有韶堂唱酬

暮之春兮物維其嘉乾際兮坤涯母將雛兮彼實著華魚在

藻兮燕子還于故家今者不樂兮云何

暮之春兮風日與柔桑女兮南疇相爾夏哇兮悲秋斷冰兮

長夜無裵今者不樂兮何求

暮之春兮雍雍熙熙堯裳兮舜永五絃之琴兮一夔曾不知

結繩與秉鍼兮何時瞻言千載兮忽焉其遠而

山有龜蒙兮水有沂天未喪斯文兮在茲二三子兮皇皇欲

何之鼓瑟兮為誰愴此兮吾將安歸

止齋兮年年室環堵兮兩山有川鷗鷺巢譽兮圓荷田田豈

無芳草兮杜鵑世微孔子兮獨抱乎韋編

08921-08925　止齋先生文集五十二卷　（宋）陳傅良撰　**附錄一**

卷　明正德元年（1506）林長繁刻本

匡高21.3厘米，廣14厘米。半葉十三行，行二十三字，黑口，四周雙邊。雲南大學圖書館藏，有"郭恩孚印"、"蓉汀"等印；吉林大學圖書館、天津圖書館、浙江省瑞安市文物館、南京圖書館藏。

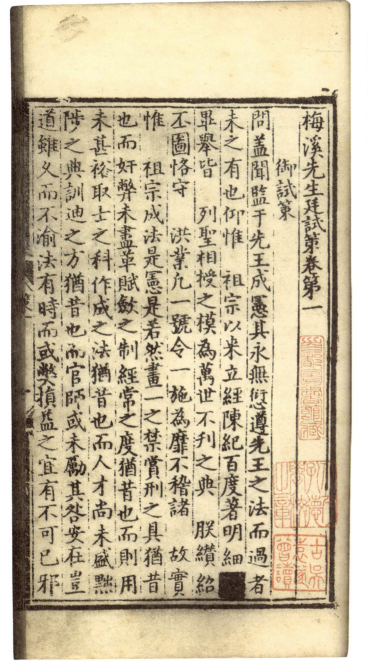

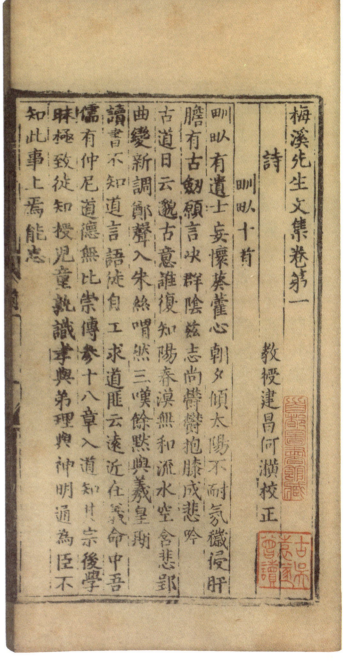

08926-08929 梅溪先生廷試策一卷奏議四卷文集二十卷後集二十九卷 （宋）王十朋
撰 附錄一卷 明正統五年（1440）劉謙、何濆刻天順六年（1462）重修本
匡高21.7厘米，廣13.3厘米。半葉十一行，行二十一字，小字雙行同，黑口，四周雙邊。吉林省圖書
館藏，有“宛平王氏家藏”等印；首都圖書館藏，有“少衡”、“無竟先生獨志堂物”、“古吳袁遂曾
讀”、“北平孔德學校之章”等印；浙江圖書館藏二部。

宋王忠文公文集第二卷

知樂清縣事楚南後學唐傳鉎入岸重編

邑司訓會稽後學王鶴齡素堂校

奏議

輪對劄子三首

臣一介小臣不識忌諱不知朝廷事體愛君憂國出於
天性妄懷婺不恤緯之心竊聞道路洶洶咸謂金情匣
測有南下牧馬巢宂汴都窺伺江淮之意廟堂之上帷
幄之臣必有料敵制勝之策臣不可得而知然議者以
謂邊奏有警則群臣失色相顧傳聞稍息則恬然便以
爲安且謂敵有內難勢必不來夫不恃我之有備而幸

宋王忠文公集　卷之二

08930 宋王忠文公文集五十卷 （宋）王十朋撰　清雍正七年（1729）

唐傳鉎刻本

匡高18.2厘米，廣14.1厘米。半葉十一行，行二十一字，白口，四周單邊。

孫衣言校跋。溫州市圖書館藏，存二十九卷。

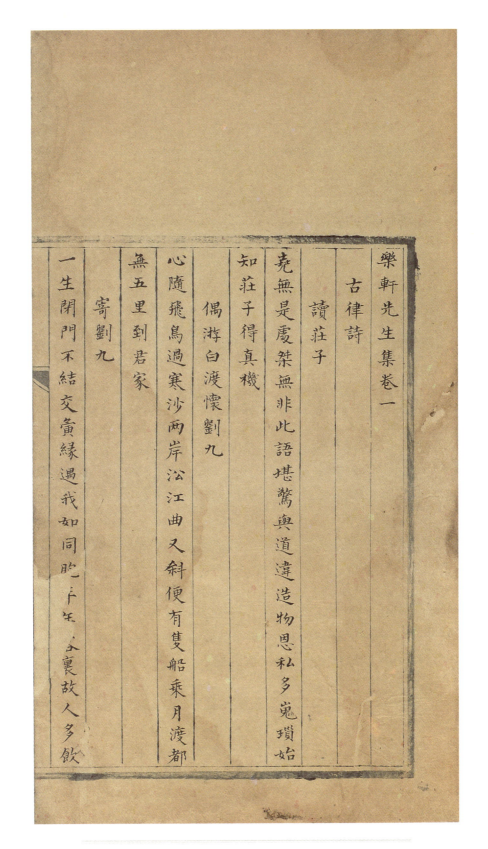

樂軒先生集卷一

古律詩

　讀莊子

堯無是處桀無非此語堪驚與道違造物恩私多寬瑣始

知莊子得真機

偶游白渡懷劉九

心隨飛鳥過寒沙兩岸沿江曲又斜便有隻船乘月渡都

無五里到君家

　寄劉九

一生閉門不結交莫緣遇我如同胞千忝含裏故人多飲

08931 樂軒先生集八卷　（宋）陳藻撰　清初抄本

匡高17.9厘米，廣12.9厘米。半葉十行，行二十二字，白口，四周雙邊。
有"謙牧堂藏書記"等印。雲南大學圖書館藏。

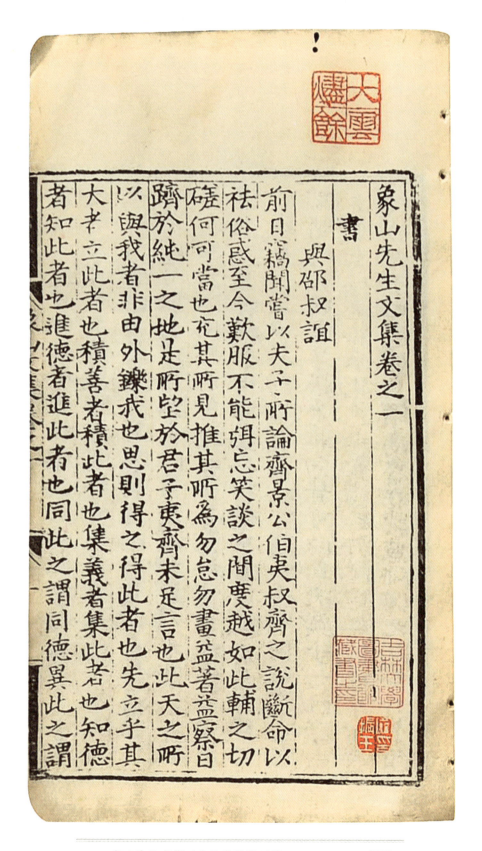

08932 象山先生文集二十八卷外集四卷 （宋）陸九淵撰 **語録四卷** （宋）傅子雲 嚴松等輯 **附錄二卷** 明正德十六年（1521）李茂元刻本 匡高21厘米，廣14厘米。半葉十行，行二十二字，黑口，四周雙邊。有"羅振玉印"、"大雲燼餘"等印。羅振玉跋。吉林大學圖書館藏。

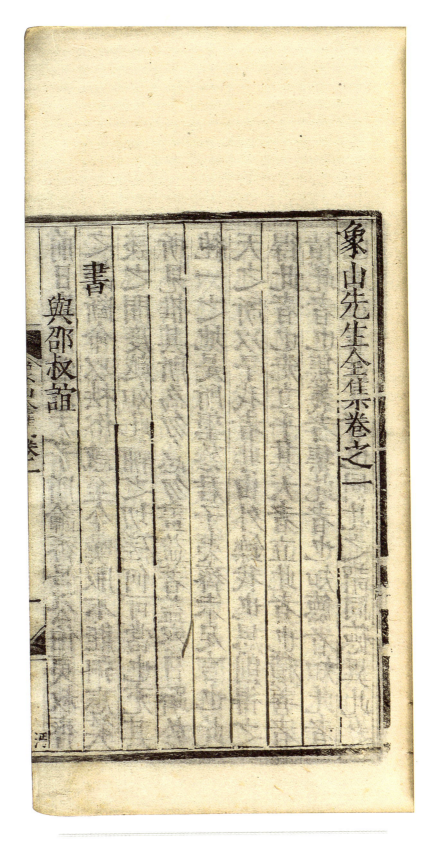

08933 象山先生全集三十六卷 （宋）陸九淵撰 （明）楊玹輯 明嘉靖
十四年（1535）戚賢荆門刻三十一年（1552）魏希相補刻本
匡高19.1厘米，廣12.9厘米。半葉九行，行十七字，白口，四周雙邊。有
"木樨香館范氏藏書"、"繆氏珍藏"、"曾在李松雲處"等印。雲南大學
圖書館藏。

象山先生全集卷之一

書

與邵叔誼

前日竊聞嘗以夫子所論齊景公伯夷叔齊之說斷
命以祛俗惑至今嘆服不能弭忘笑談之間度越如
此輔之切磋何可當也充其所見推其所為勿急勿
畫益著益察日躋於純一之地是所望於君子夷齊
未足言也此天之所以予我者非由外鑠我也思則
得之得此者也先立乎其大者立此者也積善者積
此者也集義者集此者也知德者知此者也進德者

08934、08935　象山先生全集三十六卷　〔宋〕陸九淵撰　**附錄少湖**
徐先生學則辯一卷　〔明〕徐階撰　明嘉靖四十年（1561）何遷刻本
匡高20.7厘米，廣13.1厘米。半葉十行，行二十字，小字雙行同，白口，四
周雙邊。浙江圖書館藏，卷二十四至二十六配清抄本；吉林省圖書館藏，無
少湖徐先生學則辯一卷，存二十三卷。

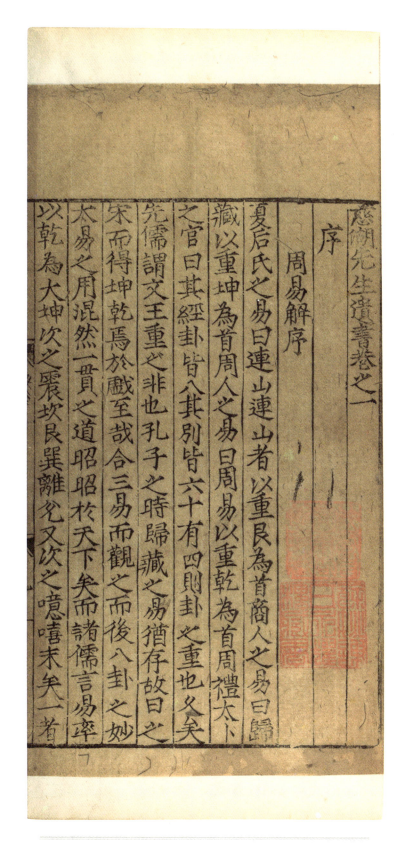

08936 慈湖先生遺書二十卷 （宋）楊簡撰 明嘉靖四年（1525）秦鉞

刻本

匡高19.8厘米，廣13.1厘米。半葉十行，行二十二字，白口，四周單邊。有

"餘姚謝氏永耀樓藏書"等印。陝西省圖書館藏。

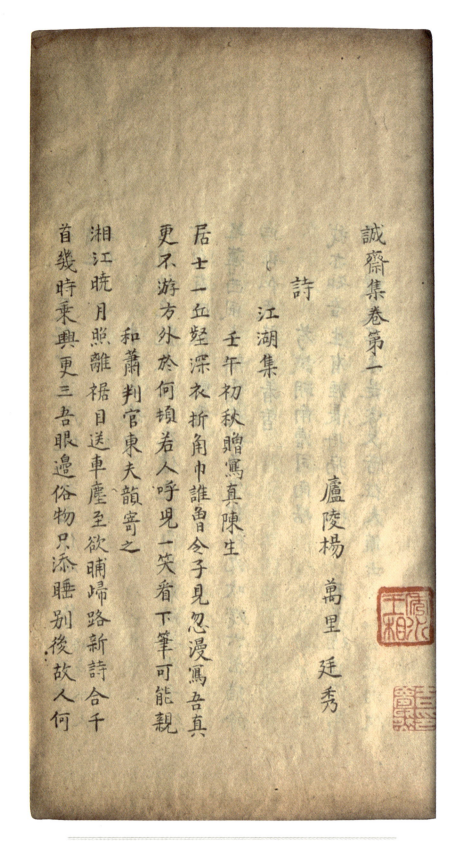

誠齋集卷第一

　　　　盧陵楊　萬里　廷秀

詩

　江湖集

　壬午初秋贈寫真陳生

居士一丘堅深衣折角巾誰魯令子見忽漫寫吾真

更不游方外於何頓若人呼見一笑看下筆可能親

　和蕭判官東夫韻寄之

湘江曉月照離裾目送車塵至欲晡歸路新詩合千

首幾時乘興更三吾眼邊俗物只添睡別後故人何

08937 **楊誠齋集一百二十卷** （宋）楊萬里撰　明抄本

半葉十行，行二十字。有"研易樓藏書印"、"沈氏粹芬閣所得善本書"、
"王氏信芳閣藏書印"、"吉夢熊印"、"秀水王相"等印。陝西省考古研
究院藏。

新刊廬陵誠齋楊萬里先生錦繡策

宛陵跂巖李廷楫濟卿校正

問六經疑難

策評此篇話頭最高關涉最大考究精詳援引該博

不知是讀幾多書方能作此文字也諸策多托物引

事說起獨此篇起語便見題目便見主意此古今各

策之要法

主意六經之病非後世諸儒之罪乃後世無聖人以

為之主盟爾

六經奚從而病無聖人而病六經奚從而明大

抵有日星則有彗孛字惟鴻鈞一調而彗孛不能妖有英莖即

楊戕谷錦繡策 八

08938 新刊廬陵誠齋楊萬里先生錦繡策一卷 （宋）楊萬里撰　明萬

曆二年（1574）李廷楫刻本

匡高17.9厘米，廣12.3厘米。半葉十一行，行二十四字，白口，四周單邊。

北京大學圖書館藏。

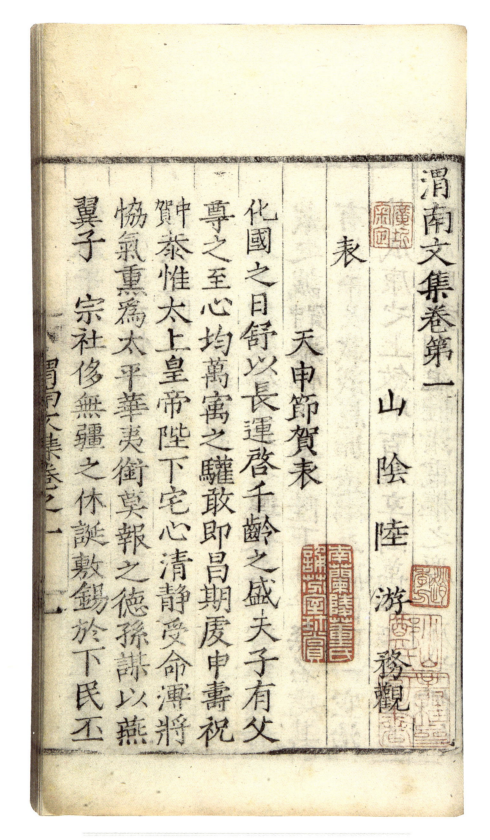

翼子　宗社俻無疆之休誕敷錫於下民丕

協氣熏爲太平華夷衛莫報之徳孫謀以燕

賀恭惟太上皇帝陛下宅心清静受命渾將

尊之至心均萬寓之驪敢即昌期庚申壽祝

化國之日舒以長運啓千齡之盛夫子有父

天申節賀表

表

渭南文集卷第一

山陰陸游務觀

08939 **渭南文集五十卷**　（宋）陸游撰　明弘治十五年（1502）華珵銅活字印本

匡高19.1厘米，廣14.1厘米。半葉九行，行十八字，白口，左右雙邊。國家圖書館藏。

渭南文集卷第一

山陰陸游撰

表

天申節賀表

國之日舒以長運啓千齡之盛天子有父尊之至
化均萬寓之驩敢即昌期虔申壽祝中賀恭惟 太
心皇帝陛下宅心清靜受命溥將恊氣薰爲太平華
上街莫報之德孫謀以燕翼子宗社後無疆之休詒
夷錫於下民丕靈承于上帝 臣方馳使傳阻綴朝班
敷瘁表於雲霄敢恨微蹤之遠被頌聲於金石尚希
望

08940、08941 **渭南文集五十二卷** 〔宋〕陸游撰 明正德八年（1513）
梁喬刻本
匡高23厘米，廣15.4厘米。半葉十行，行二十字，小字雙行同，白口，四周
雙邊。吉林大學圖書館、浙江圖書館藏。

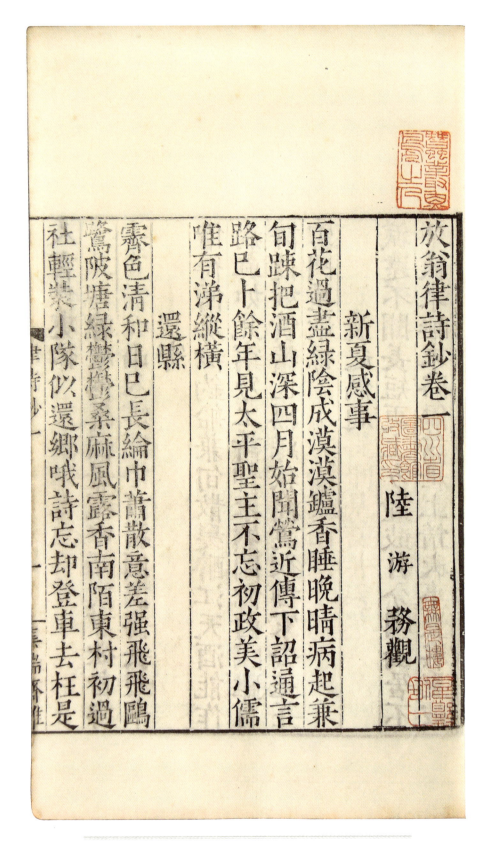

08942 放翁律詩鈔四卷 （宋）陸游撰 （明）朱承爵輯 明正德十五年

（1520）集瑞齋刻本

匡高18.2厘米，廣15.7厘米。半葉十一行，行十七字，白口，左右雙邊。李

一氓跋。四川省圖書館藏。

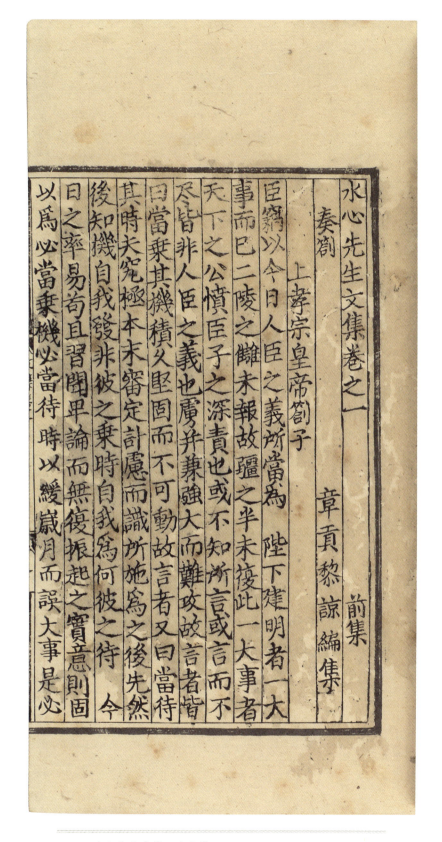

以為必當乘機必當待時以緩歲月而誤大事是必
日之率易苟且習聞早論而無復振起之實意則固
後知機自我發非彼之乘時自我為何彼之待今
其時夫窕極本末審定計慮而識所施為之後先然
日當乘其機積久堅固而不可動故言者又曰當待
盡皆非人臣之義也虜并兼強大而難攻故言者皆
天下之公憤臣子之深責也或不知所言或言而不
事而已二陵之讎未報故疆之半未復此一大事者
臣竊以今日人臣之義所當為　陛下建明者一大

水心先生文集卷之一　　前集

奏劄

上孝宗皇帝劄子

章貢黎諒編集

08943 水心先生文集二十九卷　〔宋〕葉適撰　明正統十三年（1448）

黎諒刻本

匡高21.3厘米，廣13.4厘米。半葉十二行，行二十字，黑口，四周雙邊。
有"錢犀庵藏書印"、"海陵錢氏小天目山館圖書"等印。雲南大學圖書
館藏。

程端明公洺水集卷之一

奏疏

擬上躬劄子

臣仰惟

陛下天縱之資根于至仁故君臨海宇二十
二年雖變故迭興而訖底康定天佑人助不可誣也獨
比年以來災異不一方春生夏長之時萬物焦以枯向
也早虜今及吾邊春既苦旱夏必傷潦凉不唯此爾有道
之世五星循軌日不食朔月不食望廼去歲之秋月食
望矣日食朔矣而又金星見晝鎮星失行太陰躔高木
星度下類非細變也可不震惕如禍在朝夕共臣頓

城西虹川黃浦刊

名文集卷之一　一

08944　程端明公洺水集二十六卷首一卷　（宋）程珌撰　明嘉靖三十五
年（1556）程元昞刻本

匡高18.2厘米，廣12.8厘米。半葉十一行，行二十一字，白口，左右雙邊。
浙江大學圖書館藏，卷十八至二十六抄配。

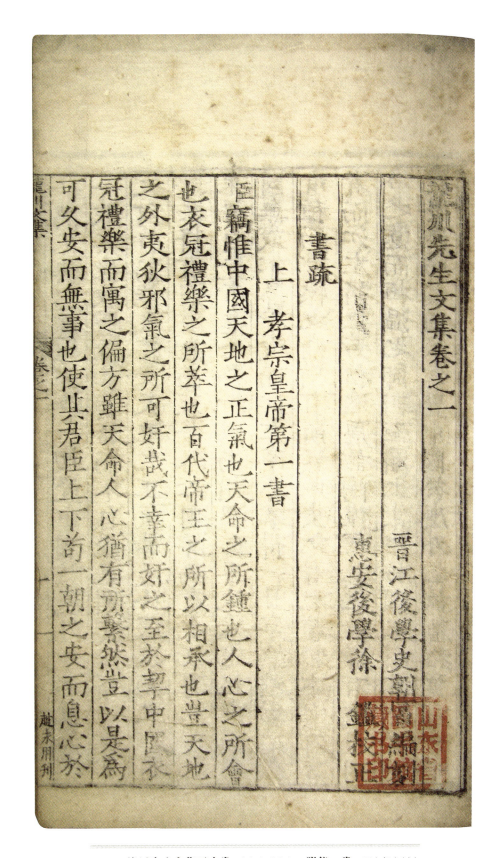

08945 龍川先生文集三十卷 （宋）陳亮撰　**附録一卷**　明史朝富刻本

匡高19.8厘米，廣14.2厘米。半葉十行，行二十二字，白口，左右雙邊。山東省圖書館藏。

陳同甫集卷之一

書疏

上孝宗皇帝第一書

臣竊惟中國天地之正氣也天命之所鍾也人心之所
會也衣冠禮樂之所萃也百代帝王之所以相承也豈
天地之外夷狄邪氣之所可奸哉不幸而奸之至於挈
中國衣冠禮樂而寓之偏方雖天命人心猶有所繫然
豈以是爲可久安而無事也使其君臣上下苟一朝之
安而息心於一隅凡其志慮之經營一切置中國於度
外如元氣偏注一肢其他肢體往往萎枯而不自覺矣

陳同甫集卷二

一

08946 陳同甫集三十卷 （宋）陳亮撰 清壽經堂活字印本

匡高23.8厘米，廣16厘米。半葉十行，行二十一字，白口，四周雙邊。浙江
圖書館藏。

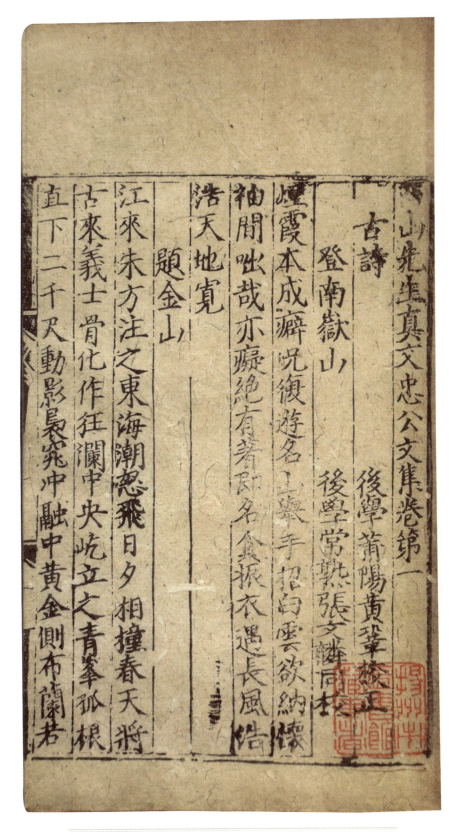

08947　西山先生真文忠公文集五十一卷目錄二卷　（宋）真德秀撰　明

嘉靖三年（1524）書林精舍刻本

匡高17.3厘米，廣12.2厘米。半葉十行，行十八字，黑口，四周雙邊。揚州
市圖書館藏，存四十八卷。

剪綃集卷上

荷澤李　龏　和父集　唐人句

謫仙吟

空白凝雲頹不流牧龍丈人病歌秋尋詩北嶺

截珠樹老夫飢寒龍爲愁呼龍耕煙種瑤草若

爲失意居蓬島泓泓水繞青苔洲鯉魚風起芙

蓉老

　　　　　　李賀　　陳陶　　陳陶　　李賀

公無渡河

屈平沉湘不足慕公無渡河兮公苦渡行搔短

08948　剪綃集二卷　〔宋〕李龏撰　清初毛氏汲古閣影宋抄本

匡高17.7厘米，廣13.2厘米。半葉十行，行十八字，白口，左右雙邊。有
"汲古主人"等印。國家圖書館藏。

梅亭先生四六標準卷之一

言時政

上史丞相 嘉定丙子

索長貴之未擬就辟書伏光範之門上干寶詔特有惓惓之

意未歙察察而言輒以萬分寫之四六儀圖愛助此周人待

山甫之情翁受敷施亦虞舜舉臯陶之意他無求者公幸聽

之竊惟國家間暇之時當思文武長久之術况外夷之雲擾

貴内治之日嚴誣云行李之通可緩包桑之慮國虞難動民

固易搖豈待謀國之數公知諱用兵之兩字然能應則乃可

謂定故歙翁耆未始不張今徒千里而畏人未思四境之

不治一氣先韶百為弗開群村付之乍使以乍賢正論聽其

臥雲山房

08949　梅亭先生四六標準四十卷　（宋）李劉撰　明范氏臥雲山房抄本

匡高19.3厘米，廣14.5厘米。半葉十一行，行二十三字，白口，左右雙邊。

浙江圖書館藏，存十卷。

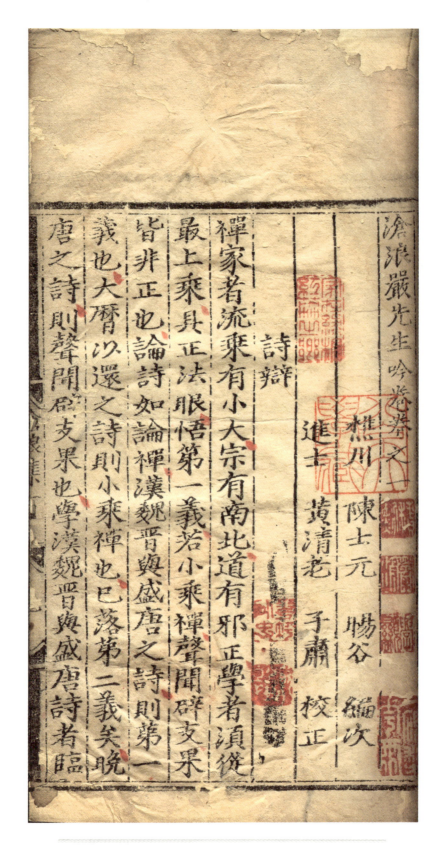

08950 滄浪嚴先生吟卷三卷 （宋）嚴羽撰　明正德十二年（1517）胡

重器刻本

匡高17.8厘米，廣12.2厘米。半葉九行，行二十字，黑口，四周雙邊。有

"學顯"、"積勳"等印。北京大學圖書館藏。

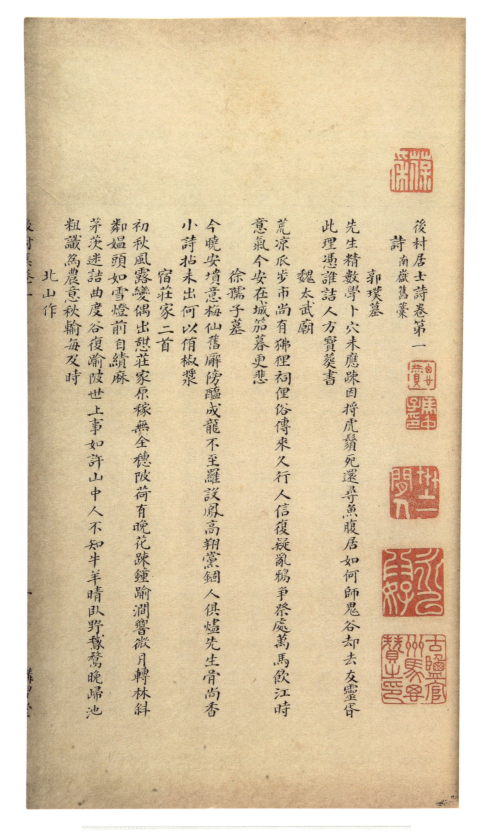

08951 後村居士集五十卷目錄二卷 （宋）劉克莊撰 清康熙五十年

（1711）南陽講習堂呂無隱抄本

半葉十七行，行三十字。黃丕烈、葉昌熾跋。國家圖書館藏。

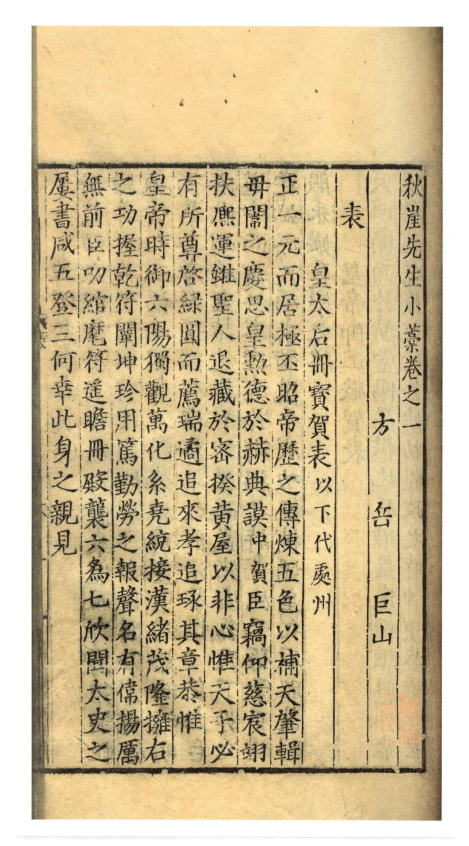

08952-08954 秋崖先生小藁四十五卷又三十八卷 （宋）方岳撰　明嘉靖五年（1526）方謙

刻本

小稿匡高18.2厘米，廣12.3厘米。半葉十二行，行二十字，黑口，四周單邊。詩匡高17.6厘米，廣

12.5厘米。半葉十一行，行十九字，細黑口，四周單邊。浙江大學圖書館、東北師範大學圖書館藏；重

慶圖書館藏，卷十六、二十、四十一至四十五抄配。

梅花衲

荷澤李　龔　集句

蟾精雪魄孕靈荄逐柔檀心巧勝裁要比春工
　歐陽永叔　丁謂之
　王承可　　田元邈

高一著凌寒先伴六花開

三千女捲上朱簾總不如

封植何人考厥初一枝價直萬瓊琚未央宮裏

冰姿元住藐姑山一落風塵即厚顏寄語清香
　馮文度　蘇子瞻
　李商隱　杜牧之

少愁結春光不度玉門關

08955　梅花衲一卷　（宋）李龔撰　清初毛氏汲古閣影宋抄本

匡高16.8厘米，廣13厘米。半葉十行，行十八字，白口，左右雙邊。國家圖書館藏。

欽定四庫全書

巽齋文集卷二十四

說

　　宋　歐陽守道　撰

黃強立字說

強立強斯立也人皆欲其有所立立而依附之待何立

之云或曰依附當問正邪是非人固有師友固有氣類概

謂不可自愚也自孤也予曰不然後進師先進斯於似

欽定四庫全書

巽齋文集

一

08956 巽齋文集二十七卷 （宋）歐陽守道撰　清乾隆四庫全書館抄本

半葉八行，行二十一字。江西省圖書館藏。

先天集卷一

星源山屋許月卿著　裔孫亮　校正

詩四卷　　　　　　　　　　熙　類編

月代

月代太陽太陽代月君逸臣勞職分無越穆穆皇皇

明明在烈光于四方罔不秉措火明水清坎離斯設

日月有明容光靡關無非教也教亦不屑金取其清

分明之精東有啟明西有長庚金清月白助天日明

日明相續萬物咸覩匪今斯今不替萬古

古詩五言

08957　先天集十卷　（宋）許月卿撰　附錄二卷　明刻本

匡高22.4厘米，廣15.5厘米。半葉十行，行二十字，小字雙行同，白口，左
右雙邊。安徽省圖書館藏。

131

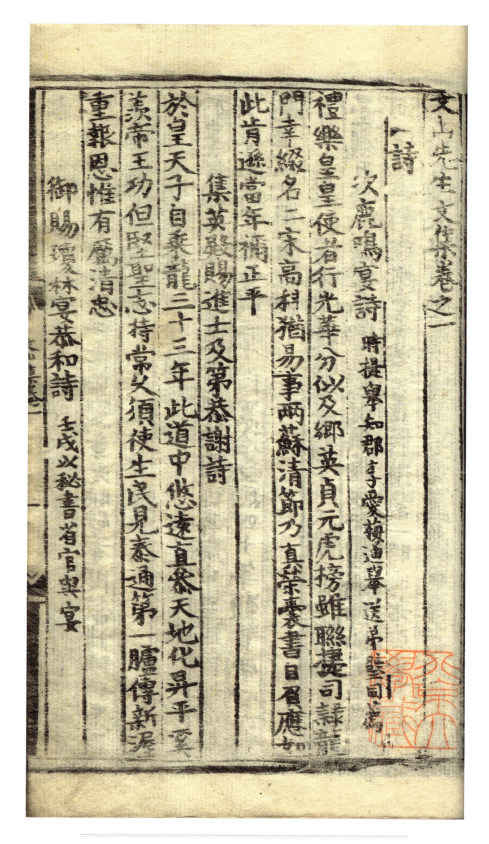

08958 文山先生文集十七卷別集六卷 （宋）文天祥撰　**附録三卷** 明

景泰六年（1455）韓雍、陳價刻本

匡高21.2厘米，廣14.3厘米。半葉十一行，行二十四字，黑口，四周雙邊。北
京大學圖書館藏。

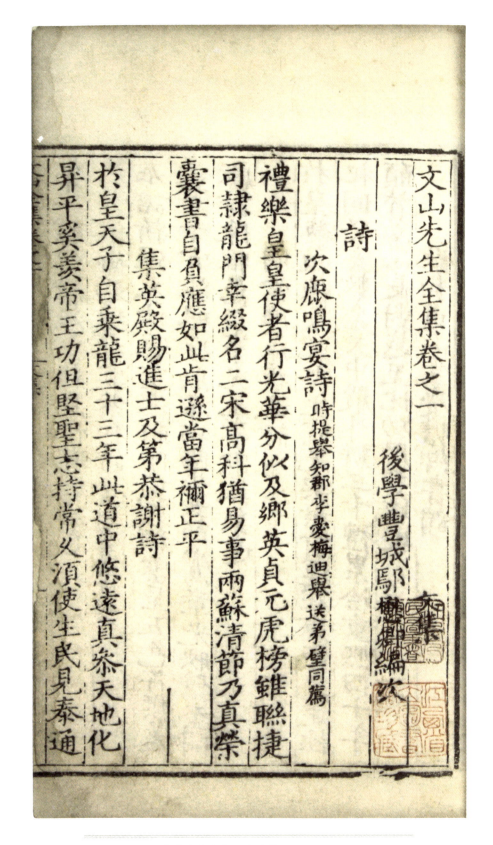

08959、08960 文山先生全集二十八卷 （宋）文天祥撰　明嘉靖三十一

年（1552）鄒懋卿、寧寵刻本

匡高20.7厘米，廣14.1厘米。半葉十行，行二十一字，白口，四周雙邊。吉

林大學圖書館、江西省圖書館藏。

文山先生全集卷之一　　　文集

詩

次鹿鳴宴詩　埒提舉知郡李愛梅　迪舉送弟璧同薦

禮樂皇皇使者行光華分似及鄉英貞元虎榜雄聯捷司

隸龍門幸綴名二宋高科猶易事兩蘇清節乃真榮囊書

自質應如此肯遂當年禍正平

集英殿賜進士及第恭謝詩

於皇天子自乘龍三十三年此道中悠遠直叅天地化昇

平癸羲帝王功但堅聖志持常父溳使生民見泰通第一

臚傳新渥重報恩惟有厲清忠

08961、08962 文山先生全集二十卷 （宋）文天祥撰　明嘉靖三十九
年（1560）張元諭刻本
匡高20.8厘米，廣14.1厘米。半葉十行，行二十二字，小字雙行同，白口，
四周單邊。江西省圖書館、浙江圖書館藏。

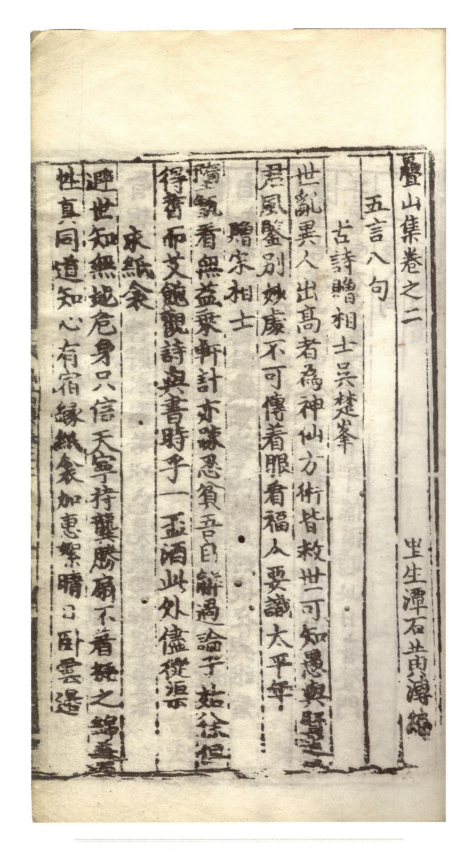

08963 叠山集十六卷 （宋）謝枋得撰　明景泰五年（1454）刻本

匡高20.9厘米，廣14.1厘米。半葉十一行，行二十一字，黑口，四周雙邊。
北京大學圖書館藏。

新刊重訂疊山謝先生文集卷之一

賜進士第揭陽益軒林光祖校刊

里生　潭石　黄　溥編輯

絶句

思親五首　壬午九月寄書老母

九十萱親天下稀十年甘旨誤庭闈臨行有娘慈心

喜再覩衣冠兒便歸

九十萱親天下稀吾王何在子何之倚閭日暮無他

念一片好心天得知

08964　新刊重訂疊山謝先生文集二卷　（宋）謝枋得撰　明嘉靖三十四

年（1555）林光祖刻本

匡高18厘米，廣13厘米。半葉九行，行二十字，白口，四周單邊。浙江大學

圖書館藏。

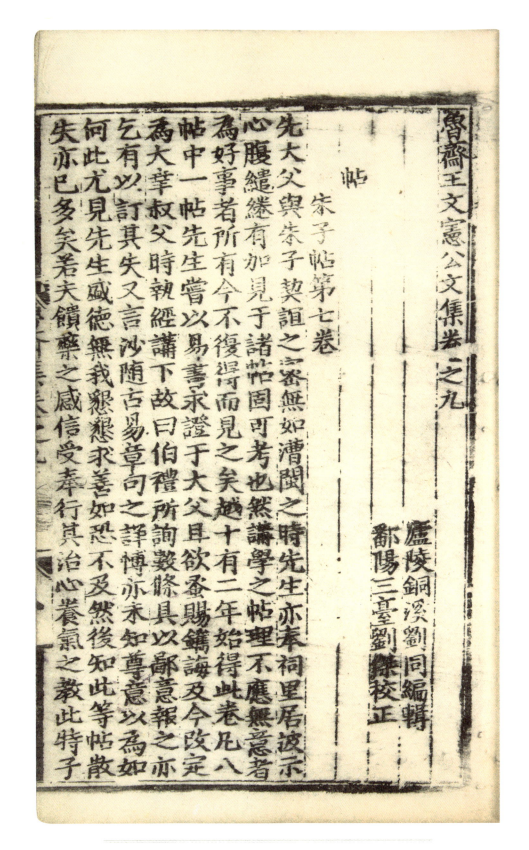

帖

宋子帖第七卷

先大父與朱子契誼之審無如漕閩之時先生亦奉祠里居波示
心腹繾綣有加見于諸帖固可考也然講學之帖理不應無意者
為好事者所有今不復得而見之矣越十有二年始得此卷凡八
帖中一帖先生嘗以易書求證于大父且欲蚤賜鐫誨及今改定
為大章叔父時親經講下故曰伯夷詢數條具以鄙意報之亦如
乞有以訂其失又言沙隨古易章句之詳博亦未知尊意以為如
何此尤見先生藏德無我懇懇求善如恐不及然後知此等帖散
失亦已多矣若夫饋藥之感信受奉行其治心養氣之教此特子

魯齋王文憲公文集卷之九

廬陵銅溪劉　同編輯
鄱陽三臺劉　　校正

08965　魯齋王文憲公文集二十卷　（宋）王柏撰　明正統刻本

匡高20.6厘米，廣14.2厘米。半葉十三行，行二十五字，黑口，四周雙邊。
浙江圖書館藏，存四卷。

蛟峯先生文集卷之一

十一世從孫方世德重編

書

理宗皇帝書

六月吉日奉議即秘書郎燕國史實錄院校勘臣方某

謹齋沐裁書昧死頓首百拜獻于　皇帝陛下臣聞可

使小人受隱然之福不可使小人顯然有勝君子之名

勝之名一立則南衙北司之勢自此分天下國家存亡

之幾自此決矣左右小臣供汎掃給奔走人主日與之

接豈能恝然無愛之之心哉但不當使之竊威福與外

08966 蛟峯先生文集十卷 （宋）方逢辰撰　山房先生遺文一卷 （宋）
方逢振撰　蛟峯先生外集三卷 明活字印本
匡高19.9厘米，廣14.4厘米。半葉十行，行二十一字，白口，四周單邊。保
定市圖書館藏。

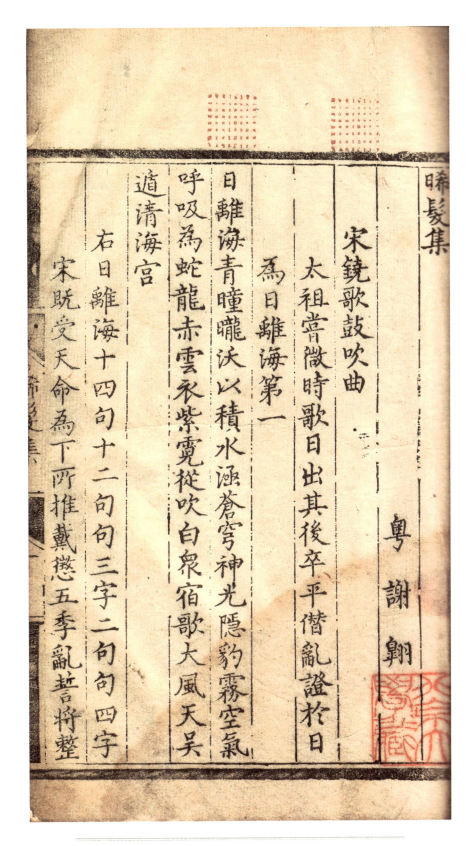

右曰雛海十四句句三字二句句四字

宋既受天命爲下所推戴懲五季亂誓將整

遁请海宫

呼吸爲蛇龍赤雲衣紫霓縱吹白泉宿歌大風天吳

日雛海青瞳曨沃以積水涵蒼穹神光隱豹霧空氣

爲日雛海第一

太祖嘗微時歌日出其後卒平僭亂證於日

宋鏡歌鼓吹曲

粵 謝翱

晞髮集

08967 晞髮集六卷 （宋）謝翱撰　**附録一卷**　明弘治十四年（1501）

唐文載刻本

匡高20.6厘米，廣15厘米。半葉十行，行二十字，黑口，四周雙邊。北京大學圖書館藏。

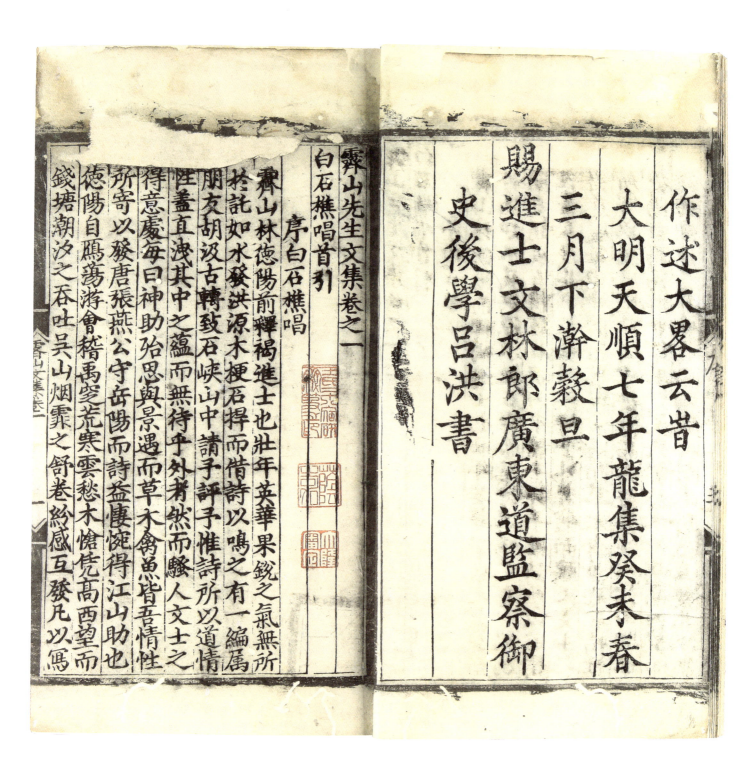

作述大畧云昔

大明天順七年龍集癸未春

三月下澣穀旦

賜進士文林郎廣東道監察御

史後學呂洪書

霽山先生文集卷之一

白石樵唱首引

序白石樵唱

霽山林德陽前釋褐進士也壯年英華果鋭之氣無所

於託如水發洪源木梗石捍而惜詩以鳴之有一編屬

朋友胡汲古轉致石峽山中請子評子惟詩所以道情

性蓋直洩其中之蘊而無待于外矣然而騷人文士之

得意處每曰神助殆思與景遇而草木禽魚皆吾情性

所寄以發唐張燕公守岳陽而詩益悽惋得江山助也

德陽自鷗蕩游會稽禹愈荒寒雲愁木愴凭高西望而

錢塘潮汐之吞吐吳山烟霖之舒卷紛紛感互發凡以寫

08968 霽山先生文集五卷 （宋）林景熙撰　明天順七年（1463）呂洪

刻本

匡高22厘米，廣14.2厘米。半葉十一行，行二十二字，黑口，四周雙邊。國

家圖書館藏。

閒閒老人
之作第下
同
無結銜一行

大作太

滏水文集卷之一

　　金翰林學士承旨趙秉文同臣著

大學

　原教

夫道何為者也總妙髒而為言者也教者何所以示

道也傳道之謂教、有方內有方內有方外道不可

以內外言之也言內外者人情之私也聖人有以明

夫道之體窮理盡性語夫形而上者也聖人有以明

夫道之用開物成務語夫形而下者也是故語夫道

夫道之用開物成務語夫形而下者也是故語夫道

也無彼無此無小無大備萬物通百氏聖人不私道

08969 滏水文集二十卷 （金）趙秉文撰 附錄一卷 清初抄本

匡高19.6厘米，廣13.2厘米。半葉十行，行二十字，黑口，左右雙邊。何
焯、黃丕烈校并跋，韓應陛跋。國家圖書館藏。

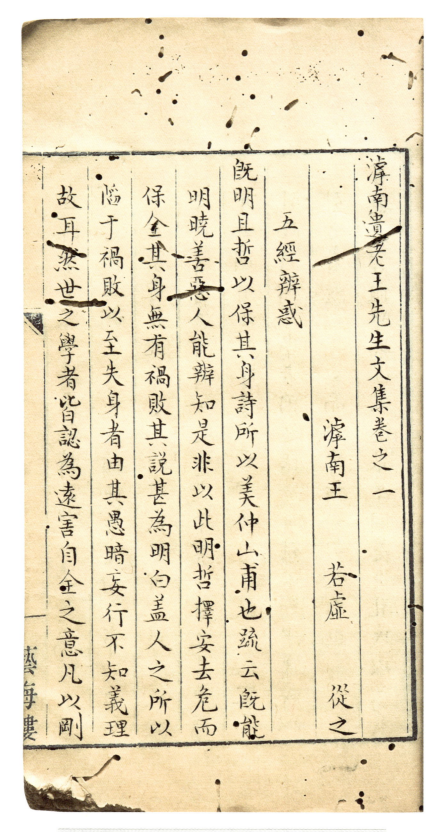

08970 滹南遺老王先生文集四十五卷詩一卷 （金）王若虛撰　清顧

氏藝海樓抄本

匡高20.6厘米，廣13.8厘米。半葉八行，行二十字，藍格，白口，左右雙

邊。西安碑林博物館藏。

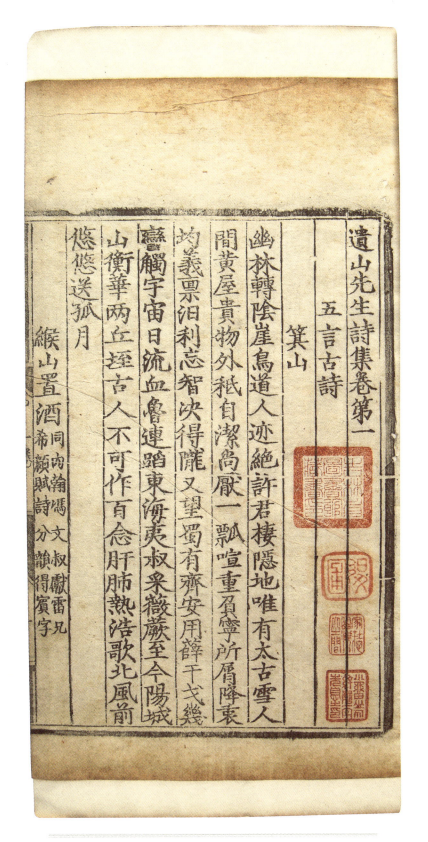

08971 遺山先生詩集二十卷 （金）元好問撰　明弘治十一年（1498）

李瀚刻本

匡高19.8厘米，廣13.7厘米。半葉十行，行二十一字，小字雙行同，黑口，

四周雙邊。有"郭印杭之"等印。吉林省圖書館藏。

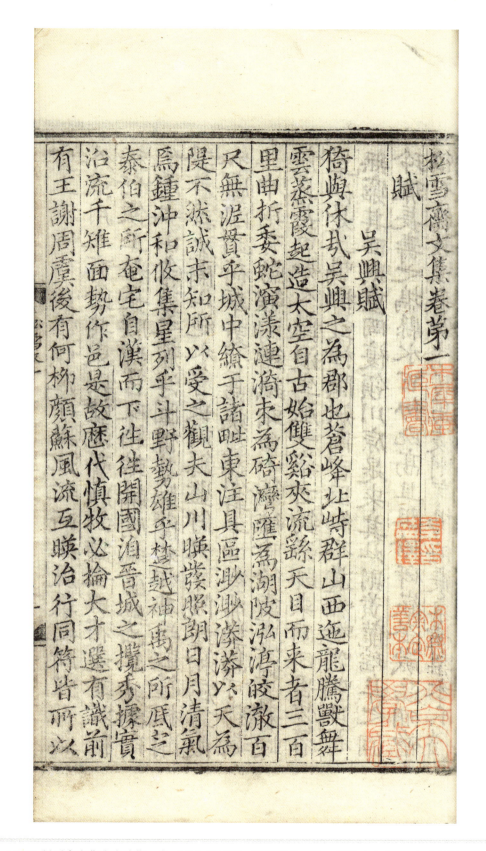

08972-08974 松雪齋文集十卷外集一卷 （元）趙孟頫撰　**行狀謚文一卷**　明天順六年（1462）岳璿刻本

匡高21厘米，廣14.8厘米。半葉十二行，行二十三字，白口，四周雙邊。吉林省圖書館藏，有"陸氏子淵"、"學士之章"等
印；北京師範大學圖書館藏，有"烏程蔣維基記"、"咸豐庚申以後收藏"、"拓湖居士"、"無競居士"、"張之洞審定舊槧
精鈔書籍記"、"荃孫"、"雲輪閣"等印；北京大學圖書館藏，有"木齋審定善本"、"李印盛鐸"、"木齋讀過"、"廬山
李氏山房"等印。

臨川吳文正公集卷之一

雜著

四書叙錄

易伏羲之易昔在皇羲始畫八卦因而重之爲六十四

當是時易有圖而無書也後聖因之作連山作歸藏作

周易雖一本諸伏羲之圖而其取用盖各不同焉三易

既云其二而周易爾存世儒誦習知有周易而已伏羲

之圖舊傳授而淪沒於方伎家雖其說具見於夫子

之繫辭說卦而讀者莫之察也至宋邵子始得而發揮

之於是人乃知有伏羲之易而學易者不斷自文王周

08975 臨川吳文正公集四十九卷道學基統一卷外集三卷 （元）吳
澄撰 年譜一卷 （明）危素撰 清活字印本
匡高23.8厘米，廣15.5厘米。半葉十行，行二十一字，白口，四周單邊。有
"北平孔德學校之章"等印。首都圖書館藏。

草廬吳先生文粹卷之一

海虞吳

訥編校

雜著

四經叙錄

易伏羲之易昔在皇羲始畫八卦因而重之為六十四當是時
易有圖而無書也後聖因之作連山作歸藏作周易雖一本諸
伏羲之圖而其取用蓋各不同三易既亡其二而周易獨存世
儒誦習知有周易而巳伏羲之圖鮮或傳授而淪沒於方伎家
雖其說具見於夫子之繫辭說卦而讀者莫之察也至宋邵子
始得而發揮之於是人乃知有伏羲之易而學易者不斷自文
王周公始也今於易首揭此圖冠于經以為伏羲之易而後以
三易繼之蓋欲學者知易之本原不至尋流逐末昧其所自云
連山夏之易周禮太卜掌三易一曰連山二曰歸藏三曰周易

08976 草廬吳先生文粹五卷 （元）吳澄撰 （明）吳訥輯　明宣德九年
（1434）吳訥刻本
匡高22.4厘米，廣16.9厘米。半葉十三行，行二十四字，黑口，四周雙邊。
國家圖書館藏。

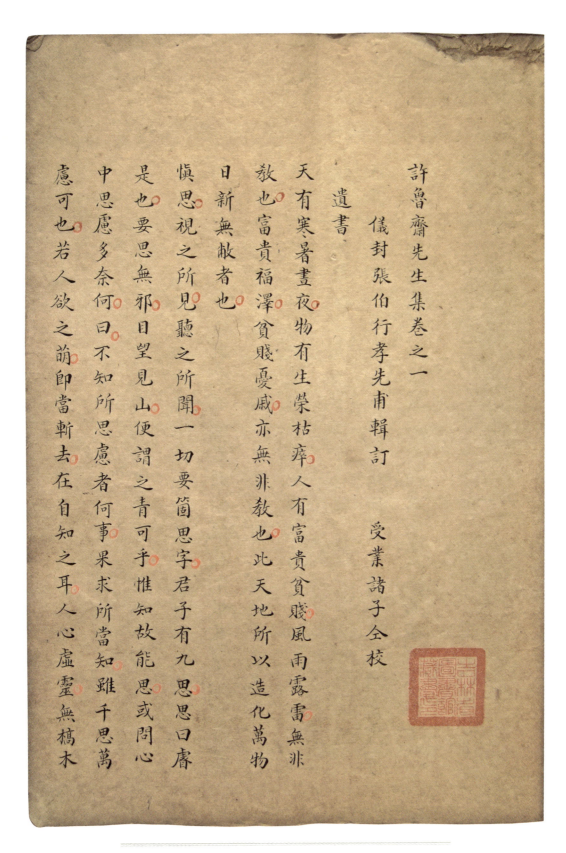

許魯齋先生集卷之一

儀封張伯行孝先甫輯訂　　受業諸子全校

遺書

天有寒暑晝夜物有生榮枯瘁人有富貴貧賤風雨露雷無非教也富貴福澤貧賤憂戚亦無非教也此天地所以造化萬物

日新無敬者也

慎思視之所見聽之所聞一切要簡思字君子有九思思曰膚是也要思無邪日望見山便謂之青可乎惟知故能思或問心中思慮多奈何日不知所思慮者何事果求所當知雖千思萬慮可也若人欲之萌即當斬去在自知之耳人心虛靈無橋木

08977　許魯齋先生集六卷　（元）許衡撰　（清）張伯行輯　清康熙四十七

年（1708）抄本

半葉十行，行二十四字，小字雙行同。有"秋翠齋"等印。曾習經題識。吉

林省圖書館藏。

魯齋遺書卷三

小學大義

古者民生八歲上至王公下至庶人之子弟皆令入小
學教之以洒掃應對進退之節禮樂射御書數之文及
其十有五歲自天子之元子衆子公卿大夫元氏之適
子與凡民之俊秀者皆入大學教之以窮理正心脩已
治人之道此小學大學所以分也當其幼時若不先習
之於小學則無以收其放心養其德性及其年長若不
進之於大學則無以察夫義理措諸事業先之以小學
者所以立大學之基本進之於大學者所以收小學之

08978 魯齋遺書十卷 （元）許衡撰　明嘉靖四年（1525）蕭鳴鳳刻本

匡高22.5厘米，廣15.8厘米。半葉十行，行二十一字，黑口，四周雙邊。河
南省圖書館藏，存八卷。

劉文靖公文集卷之一

白雲 二章

白雲凝情兮佩月光白露結縲兮明幽芳采星曒曒
芳水波不揚渺予思之若遇兮耿在目而不忘音容
著芳形無方蕭予中立兮四無旁兮母歸去兮山高
水長

白雲高飛兮杳不可尋靈風長往兮聲不在乎幽林
皎月束生兮忽西沉玄鶴何逝兮遺之音兮思未及
芳實懷我心儵萬里兮掮所歆曠同游兮啟雲襟子
似歸来兮山幽水深

08979 劉文靖公文集二十八卷 （元）劉因撰　明成化十五年（1479）蜀藩刻本

匡高23.5厘米，廣16.3厘米。半葉十一行，行二十字，黑口，四周雙邊。有"蜀府圖書"、"來燕榭珍藏印"、"黃裳藏本"等印。國家圖書館藏。

許白雲先生文集卷之一　金臺李翀編集

四言古詩

白鳥甲辰六月十一日

僕屏居陋巷一旦棟撓讀鴟鴞二章而有感因賦

白鳥以自況

有白斯鳥生于林皋稜稜骨格鶚鶚羽毛毋兮天方匪鶹

伊鷗含哺忘恃哀鳴鶖鶖

嗸嗸哀鳴遷于壤木豈無好逑敦彼獨宿渴飲而泉飯啄

而粟聊樂我寔亦昌云足

飄風白南霖雨疏瀜蟠斷山拔龍興海吟墮卵覆巢祿莫

我深翅翩周舉口禁若瘠

燋燋明星上麗于漢泛泛行舟亦達于岸維此好鳥所止

08980 許白雲先生文集四卷 （元）許謙撰 **附録一卷** 明成化二年

（1466）陳相刻本

匡高20.4厘米，廣13.5厘米。半葉十二行，行二十二字，黑口，四周雙邊。有

"吳興姚宗甲剩頑氏圖書"、"南溪"、"鐵琴銅劍樓"等印。國家圖書

館藏。

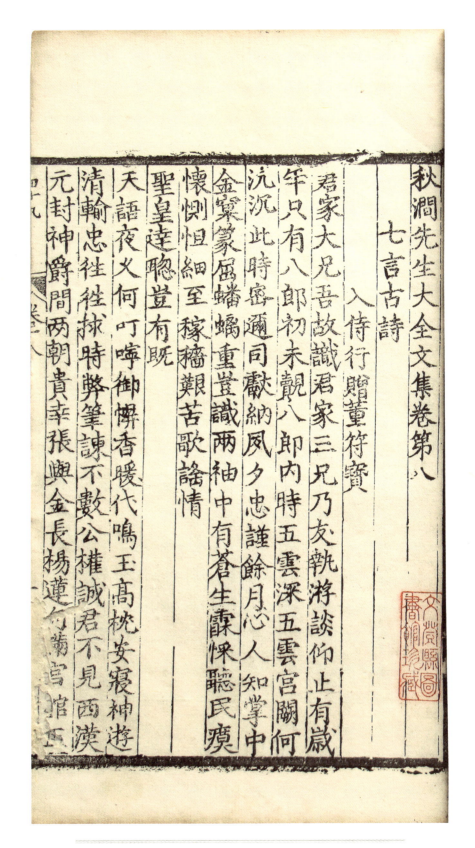

08981 秋澗先生大全文集一百卷 （元）王惲撰 **附録一卷** 明弘治

十一年（1498）馬龍、金舜臣刻本

匡高19.3厘米，廣13.5厘米。半葉十二行，行二十字，黑口，左右雙邊。山

東省文登市圖書館藏。

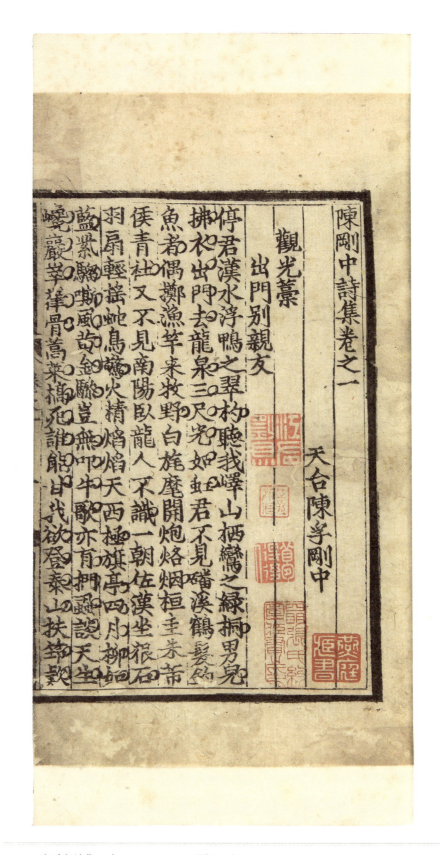

08982 陳剛中詩集三卷 （元）陳孚撰 **附録一卷** 明天順四年（1460）沈琮刻本

匡高19.3厘米，廣13.4厘米。半葉十一行，行二十字，黑口，四周雙邊。有"燕庭藏書"、"聖清宗室盛昱伯羲之印"、"陽湖陶氏涉園所有書籍記"、"四明張氏約園藏書之印"等印。國家圖書館藏。

道園學古録卷之一

在朝藁一

雍虞集 伯生

賦

別知賦送袁伯長

余忽忽處此之無故兮幾偃蹇以自窮逝斂裳以遲征兮遐抗
九霄之雲頹兮三辰之徘徊兮遲後古以為期何夫子之張
張兮亦跟蹡而在兹于嗟乎世德之浩浩兮恥謂人以不賢
陳珮玉於交達兮被徒輿以瑶環設厚顏之黶沉兮孰敢即
問乎津涯發疾叫于咽嗌兮眾披靡而莫支夫冶倡之狐惑
兮豈不足於内揆顧西子之蓬垢兮益返已兮故意惟前聖
之無悶兮老氏亦貴夫知希顧凉薄之多戀兮猶慷慨而尚
辭余固將去此而無悔兮念夫子之與我日進余以不及兮
又證余以其可兮余嘗究往來之為道兮論因革之為攉莫或

08983-08986 道園學古録五十卷 （元）虞集撰 明景泰七年（1456）鄭達、黃仕達刻本

匡高19.6厘米，廣13厘米。半葉十三行，行二十三字，黑口，四周雙邊。山西師範大學圖書館、江蘇省常熟市博物館、東北師範大學圖書館藏；天津圖書館藏，張金吾跋、朱昂之題款。

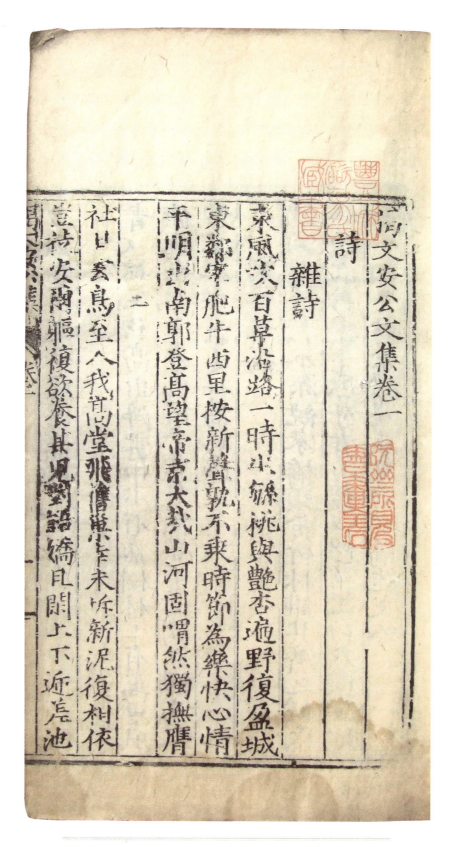

08987 揭文安公文集□卷 （元）揭傒斯撰　明正德十五年（1520）揭
富文刻本

匡高19.6厘米，廣13.3厘米。半葉九行，行二十字，白口，四周雙邊。有"阮
齋所見書畫金石"、"豐城歐陽氏藏書"等印。湖北省圖書館藏，存四卷。

淵穎吳先生集卷之一

門人金華□□□□編

大游賦 并序

岷陵道士盛名光升東游會稽予聞其風神頴異被服蕭爽

盖將自是而汗漫六合者也張君子長約同送之賦用是

作遂題曰大游

夫何一高士子獨曠視乎八區朝吾車之夙駕兮夕予至

於清都仰天路之迢遞兮挾陵陽而與俱遡剛風而顛倒

景兮浮沆瀣而噏青霞輩廉起而前導兮鞭羲龗羲使後驅

素蜺兮天矯而為纓茀兮神鳳離褷以揭旟恍大游之所歷

兮撫四海其無家昔塵濁之不可以止息兮吾將抵乎崑

崙之遺墟嗟乎東轅之我頤兮探究委之歆究帝禹告予以

08988-08991 **淵穎吳先生集十二卷** （元）吳萊撰 **附錄一卷** 明嘉靖元年（1522）祝鑾刻本

匡高18厘米，廣12.1厘米。半葉十一行，行二十二字，白口，左右雙邊。吉林省圖書館、吉林大學圖書館藏；東北師範大學圖書館藏，有"夢選樓胡氏宗楙藏"、"橋李蔣石林藏書畫印記"等印；四川省圖書館藏。

08992 薩天錫詩集五卷 （元）薩都剌撰　明弘治十六年（1503）李舉

刻本

匡高20.1厘米，廣13.2厘米。半葉十行，行十八字，黑口，四周雙邊。葉恭

煥題識。國家圖書館藏。

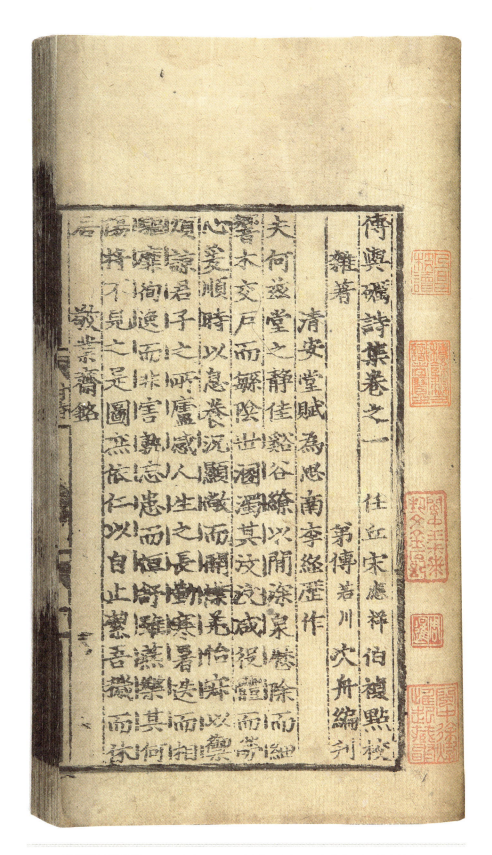

08993 傳與礪詩集八卷 〔元〕傅若金撰 明洪武十五年（1382）傅若川建溪精舍刻本

匡高17.7厘米，廣11.1厘米。半葉十行，行十八字，黑口，左右雙邊。有"洪武壬戌仲冬渝川百丈山前建溪精舍新刊"牌記。有"閩中徐㶿惟起藏書"、"積學齋徐乃昌藏書"、"乃昌校讀"、"周暹"等印。徐㶿、周星詒跋。國家圖書館藏。

番陽仲公李先生文集卷之一

古詩

西山歌

西山有盧以我逶迤中田有稌以我療飢春之日宜黍爲父母

裳冬之日宜酒爲父母專

古意 將官軍西征二年未利有感而作

秋風一鴈過彎弓登西樓聲弱弓不滿天高鴈難求吁嗟流沙

外風雨何時休三夜頻夢君馬知沉與浮况聞霍嫖姚已拜萬

戶侯

王龜杖 吳宗師寄歸以奉其尊人國公

瀕州有真人雅度含天熙西鑄崑崙英東剪若木枝合爲玉龜

杖照我光陸離奉之堂上翁出入良自隨乃翁餘筋力寄此萬

里思林塘春氣紫茶老出崛若崖壑不見手中杖但見膝下兒

08994 番陽仲公李先生文集三十一卷 （元）李存撰　明永樂三年（1405）

李光刻本

匡高19.2厘米，廣12.8厘米。半葉十三行，行二十四字，黑口，四周雙邊。

有"季振宜藏書"、"鐵琴銅劍樓"等印。國家圖書館藏。

青陽先生文集卷之一

門人淮西郭奎子章輯

詩

擬古二首

昔在西京日縱觀質前聞皇々九衢裏列第起朱門借問
誰所居丞相大將軍平明事遊謁車馬若雲屯芳樂調々炎
鼎拂狼鑄酒尊頌聲美東魯逸奏出西秦迴風薄蘭氣十
里楊清芬東家有狂生容顏若中人謬言擬宣尼幽思切
玄文著書空自苦名宦乃不振悠々千載下安有楊子雲
吳天轉時律大火西南馳勁商發羣籟白露降嚴威攬衣
起視夜明月鑒蔯雄翩々征鴈翔喞々寒螿逃紅蘭委芳
柔栖葉亦離披喬々千丈松孤生泰山隈凝霜裂其膚層
水斷其抵摧殘若傾益蒼翠終不移草木有至性明哲豈

卷一　六

08995 青陽先生文集九卷 （元）余闕撰　明正統十年（1445）高誠
刻本
匡高22.4厘米，廣15.1厘米。半葉十二行，行二十二字，黑口，四周雙邊。
有"鐵琴銅劍樓"等印。國家圖書館藏。

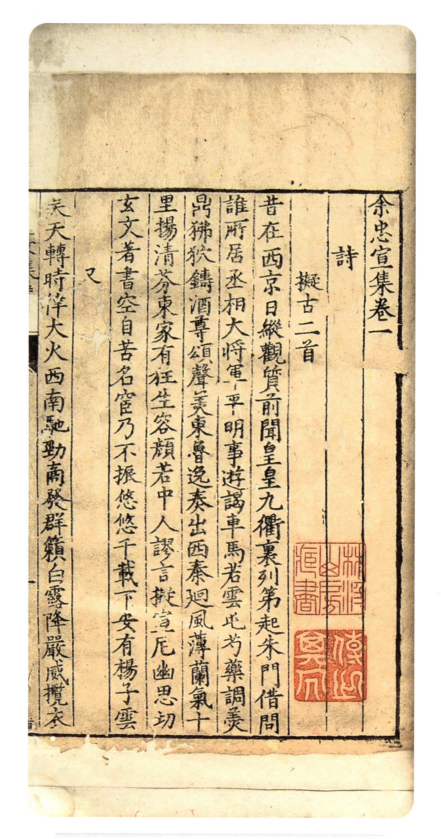

08996、08997 余忠宣集六卷 （元）余闕撰　明嘉靖三十三年（1554）
雷达、洪大濱刻本
匡高20厘米，廣13.8厘米。半葉十行，行二十二字，白口，四周單邊。吉林
省圖書館藏，有"吳仲懌祕笈印"等印；福建師範大學圖書館藏。

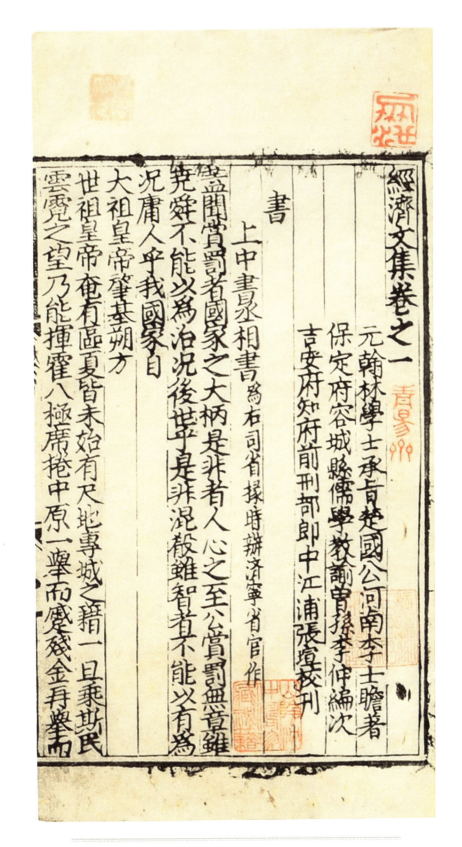

08998 經濟文集六卷 （元）李士瞻撰　明天順三年（1459）刻本

匡高20厘米，廣13.2厘米。半葉十二行，行二十三字，黑口，四周雙邊。序目配清抄本。吉林大學圖書館藏。

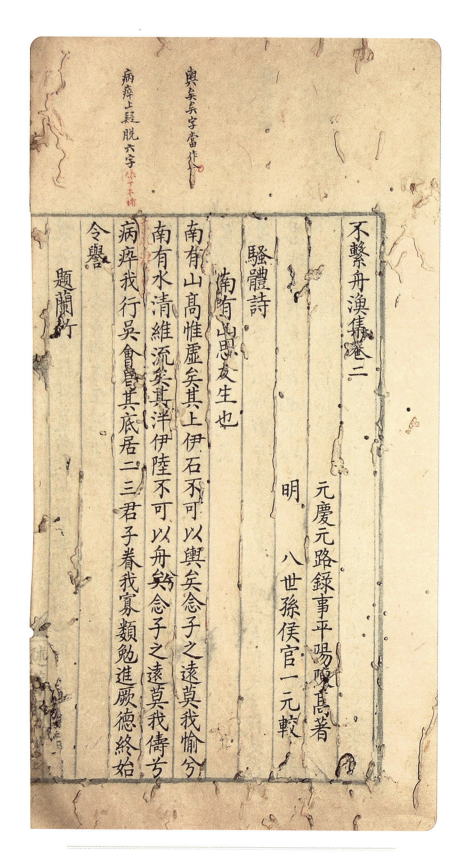

08999 不繫舟漁集十五卷 〔元〕陳高撰 **附錄一卷** 清抄本

匡高17.5厘米，廣11.4厘米。半葉十行，行二十四字，白口，左右雙邊。
孫鏘鳴、孫衣言、孫詒讓校。溫州市圖書館藏。

師山先生文集卷之一

表

讓官表

臣聞高祖開漢不屈四皓之心光武中興終全子陵之志夫所謂隱士者或因忿世疾邪或欲廉頑立懦故以恬退為事高尚為風未必皆有康濟之才経綸之學也從昔賢聖之君所以特加寵異者蓋欲養成廉耻激勵風俗為天下勸耳臣劲以樗櫟之資深愛山林之趣躬耕壠畝留情著述初無過人之才忘世之意也兹者伏遇

09000 師山先生文集八卷遺文五卷遺文附錄一卷 〔元〕鄭玉撰　明
嘉靖十四年（1535）刻本
匡高18.4厘米，廣12.6厘米。半葉十行，行二十字，白口，四周單邊。吉林
省圖書館藏。

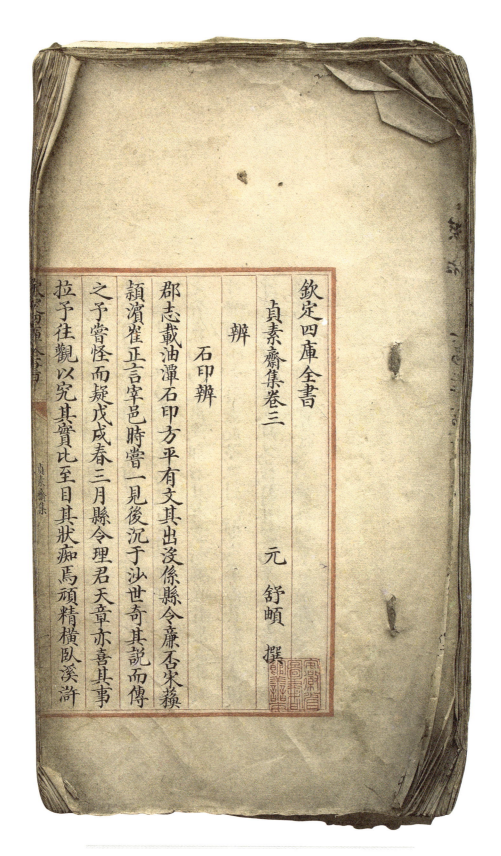

09001 貞素齋集□□卷 （元）舒頔撰　清抄本

半葉八行，行二十一字，紅格，白口，四周雙邊。安徽省圖書館藏，存十卷。

江月松風集卷之一

錢唐錢惟善思復

古詩二首

鳳麟別千載騷雅流餘聲南入蒼梧天鴻雁離離鳴

騁目江上秋二雲白英二扣舷欲何之山水遺韶韺

白馬幾潮汐濺濺赤帝闕不洗鴟夷魂千年屬錢血

我欲騎赤虯東上探禹穴手披青玉書逍遥弄明月

送韓介石之平江財賦提舉分韻得館娃宮

吳宮浚花草千年遊鹿麋蘭徑空陳迹琴臺餘放基

雲木蔓秀峰秋蘂生殿池湖波澹空碧扁舟想鴟夷

09002 江月松風集十二卷補一卷 〔元〕錢惟善撰　清康熙二十五年

（1686）翁杶抄本

匡高19.8厘米，廣13.6厘米。半葉十行，行二十字，白口，四周單邊。翁杶
校幷跋，黃丕烈、傅增湘跋。國家圖書館藏。

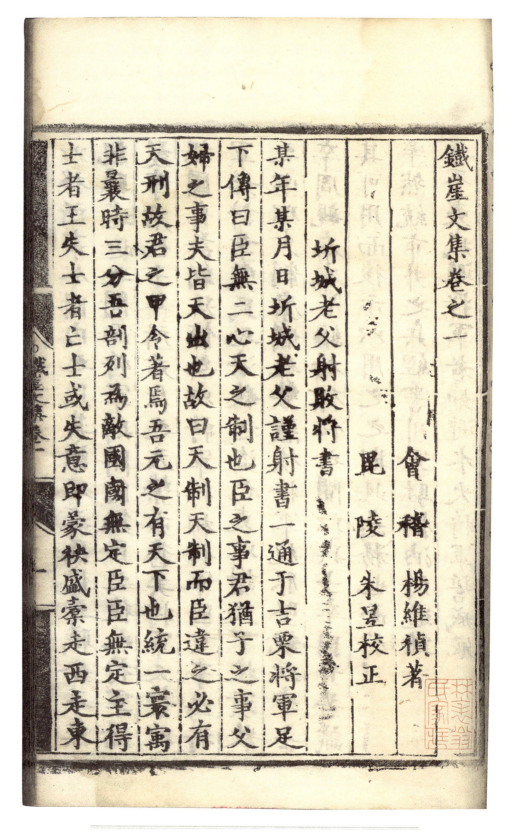

09003-09006 鐵崖文集五卷 （元）楊維禎撰　明弘治十四年（1501）

馮允中刻本

匡高20.4厘米，廣14.9厘米。半葉十行，行二十字，黑口，四周雙邊。天津
圖書館、江蘇省常熟市博物館藏；國家圖書館藏，陳鱣跋；吉林大學圖書館
藏，有“羅振玉”、“羅叔言”等印，羅振玉跋。

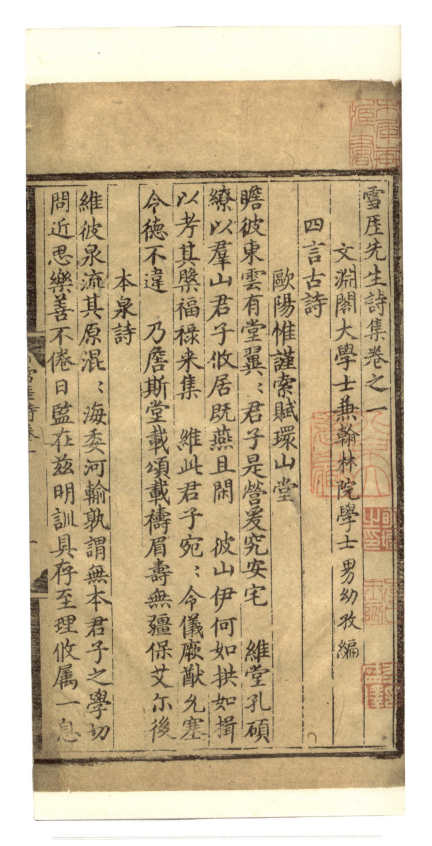

09007 雪厓先生詩集五卷 （元）金守正撰　明永樂十九年（1421）刻本

匡高20.5厘米，廣13.5厘米。半葉十一行，行二十一字，黑口，四周雙邊。
有"古潭州袁臥雪廬收藏"、"明墀之印"、"李氏玉陔"、"李盛鐸印"
等印。北京大學圖書館藏。

御製文集卷第一 甲衍

文

岱山高文

岱山高兮不知其幾千萬仞。根盤齊魯兮亦不知其
幾千百里。影照東海兮巍然而柱天。益於民廢兮興
雲吐霧。神龍出乎其間降祥則甘露垂於松柏佳歲
則滂沱遍於厚坤冬。則寒風時出巖壑雜然而有聲。
百川林藪森然而如雷坤之所載世之山首岱山也。
至如暘谷之東昧谷之西日昇月騰之處人莫知其
端吾其年狩於東方或登峰頂。時聞天聲萬籟岱山

09008 御製文集四集三十卷 （明）太祖朱元璋撰 明初刻本

匡高27厘米，廣17.5厘米。半葉十行，行二十字，黑口，四周雙邊。南開大
學圖書館藏。

高皇帝御製文集卷第一

詔

即位詔 洪武元
年正月

朕惟中國之君自宋運既終

天命真人於沙漠入中國爲天下主傳及子孫百有

餘年今運亦終海内土疆豪傑分爭朕本淮右庶民

荷

上天眷顧

祖宗之靈遂乘逐鹿之秋致英賢於左右凡兩淮兩

浙江東江西湖湘漢沔閩廣山東及西南諸部蠻夷

09009-09011 高皇帝御製文集二十卷 〔明〕太祖朱元璋撰 明嘉靖

十四年（1535）徐九皋、王惟賢刻本

匡高20.1厘米，廣14.3厘米。半葉十行，行二十字，小字雙行同，白口，四

周單邊。吉林省圖書館、浙江大學圖書館藏；雲南省圖書館藏，存十七卷。

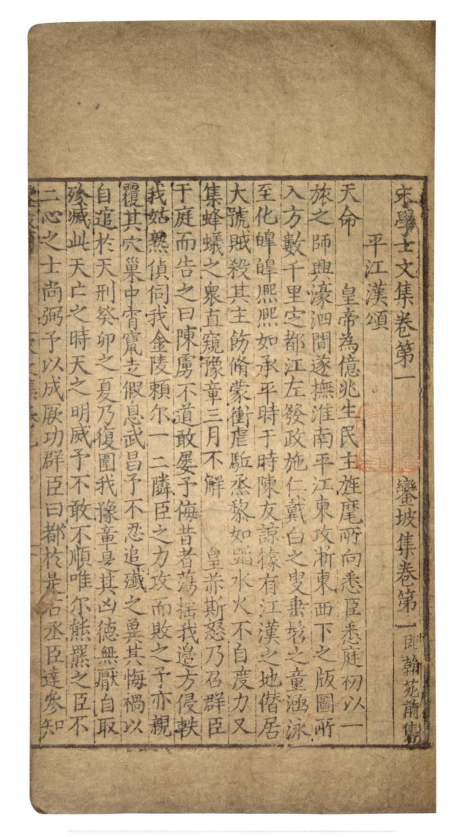

天命

平江漢頌

宋學士文集卷第一

鑾坡集卷第一

翰苑前集

天命　皇帝為億兆生民主旌麾所向悉臣悉庭初以一
旅之師興濠泗間遂撫淮南平江東攻斫東西下之版圖所
入方數千里定都江左發政施仁戴之曳裘髡之童涵泳
至化皞皞熙熙如承平時于時陳友諒據有江漢之地僣居
大號賊殺其主飭脩蒙衝虐駈丞黎如踏水火不自度力又
集蜂蟻之衆直窺豫章三月不解　皇弔斯怒乃召群臣
于庭而告之曰陳虜不道敢屢予悔昔者蕩摇我邊方侵軼
我姑熟偵伺我金陵賴爾一二鄰臣之力攻而敗之予親
覆其穴巢中宵竄走假息予不忍追藏之翼其凶德無厭自取
自遺於天刑癸卯之夏乃復圍我豫章臬其凶禍以
殄滅此天亡之時天之明威予不敢不順唯爾熊羆之臣不
二心之士尚彌予以成厥功群臣曰都於是古丞臣達參知

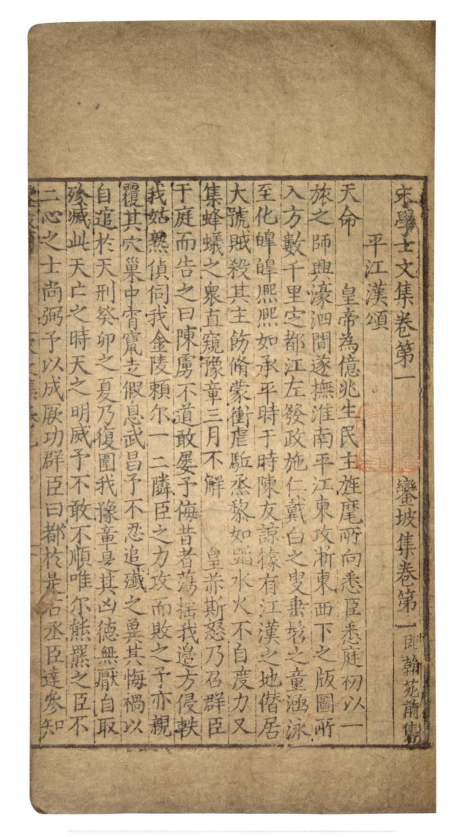

09012、09013　宋學士文集七十五卷　（明）宋濂撰　明正德九年（1514）

張緒刻本

匡高20.6厘米，廣14.7厘米。半葉十四行，行二十三字，白口，左右雙邊。

山東省圖書館藏，有"古餘珍藏子孫永寶"、"陽城張氏與古樓收藏經籍
印"等印；東北師範大學圖書館藏，有"夢選樓胡氏宗楸藏"等印。

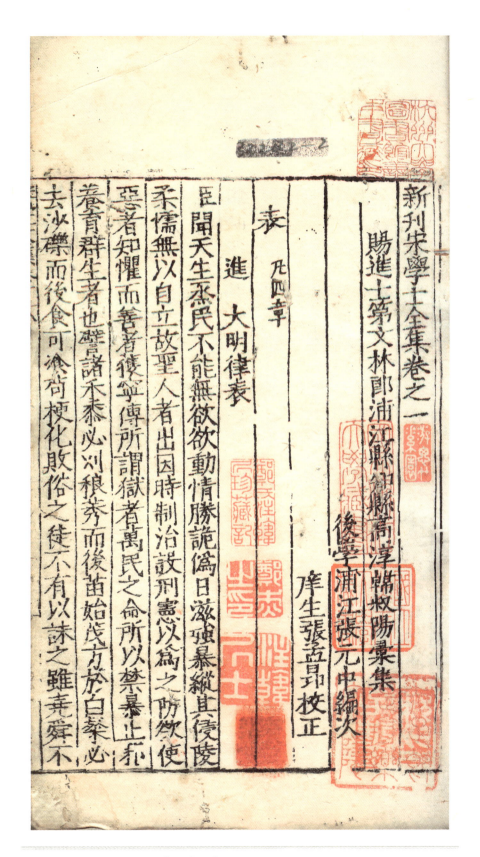

09014-09017 新刊宋學士全集三十三卷 （明）宋濂撰　明嘉靖三十年（1551）韓叔陽刻本

匡高20.9厘米，廣14.3厘米。半葉十一行，行二十四字，白口，左右雙邊。吉林省圖書館、浙江大學圖書館藏；福建師範大學圖書館藏，有"沈氏研易樓所得善本書"等印；華南師範大學圖書館藏，卷三、九抄配。

潛溪集卷一

金華宋濂著

國朝名臣序頌

帝王之興必有不世出之人豪以自赴雲龍風虎之
會焉所謂聖人作而萬物覩者是巳我皇元受天明
命撫安乂夏天戈所指萬方畢従是故一鼓而諸部
服再皷而夏人納欵三鼓而完顏氏請降四鼓而南
宋平東西止日之出入罔不洽被聲教共惟帝臣雖
鏖謀雄斷動無不勝亦頼熊羆之士不二心之臣有
以誕宣天威故功成治定若是之神速也自今觀之
陷陣攻城無戰弗克則有若魯國忠武王之倫面折

09018 潛溪集八卷（明）宋濂撰　**附錄一卷**　明嘉靖十五年（1536）

徐嵩、溫秀刻本

匡高18.7厘米，廣13.8厘米。半葉十行，行二十字，白口，四周單邊。天津
圖書館藏。

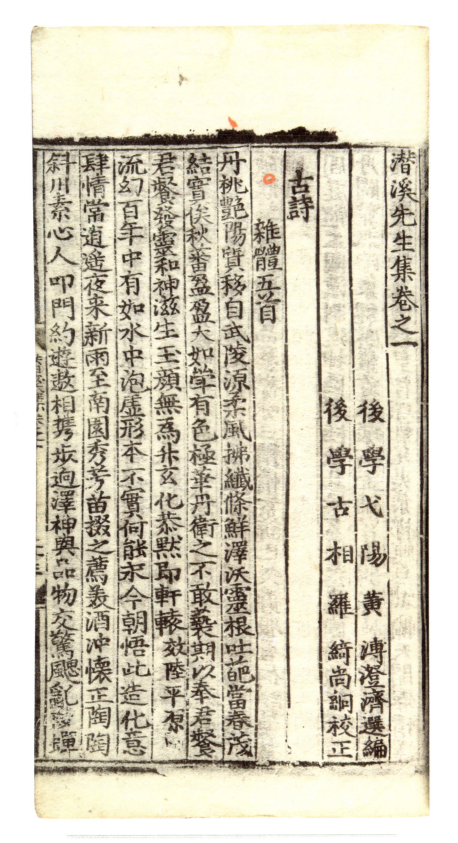

09019 潛溪先生集十八卷 （明）宋濂撰 （明）黃溥輯 **附録一卷** 明

天順元年（1457）黃溥、嚴瑱刻本

匡高22.1厘米，廣14.4厘米。半葉十一行，行二十五字，黑口，四周雙邊。

有"邢印之襄"、"南宮邢氏珍藏善本"等印。國家圖書館藏。

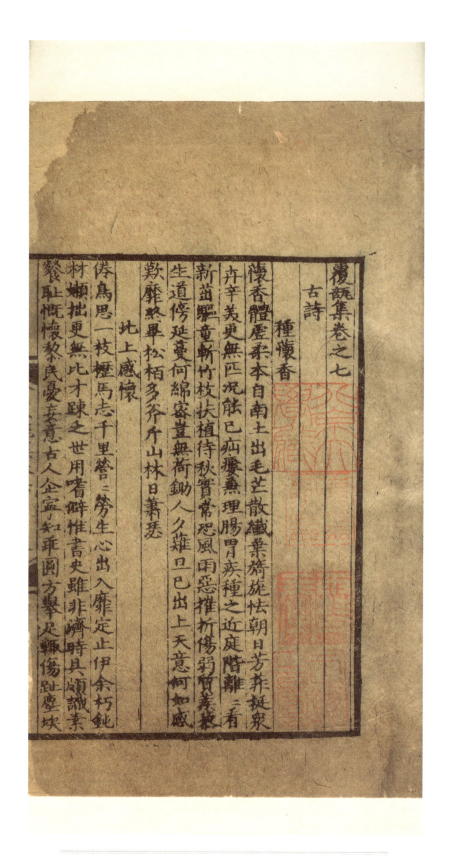

09020 覆瓿集二十卷 （明）劉基撰　明初刻本

匡高16.2厘米，廣11.5厘米。半葉十二行，行二十四字，黑口，左右雙邊。

李盛鐸題記。北京大學圖書館藏，存十三卷。

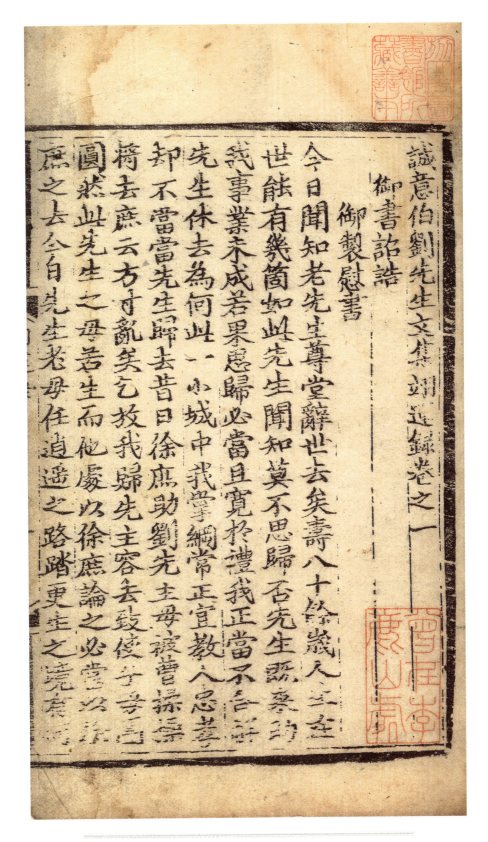

09021 誠意伯劉先生文集七卷 （明）劉基撰　明成化六年（1470）刻本

匡高20.5厘米，廣13.5厘米。半葉十一行，行二十一字，黑口，四周雙邊。有"曾在李鹿山處"等印。大連圖書館藏。

太師誠意伯劉文成公集卷之二

巡按直隸監察御史縉雲後學樊獻科編次

郁離子

千里馬

郁離子之馬孳得驥駬焉人曰是千里馬也必致諸内廄郁離子悦從之至京師天子使太僕閲方貢曰馬則良矣然非冀産也實之於外牧南宮子朝謂郁離子曰熹華之山實維帝之明都爰有紺羽之雉菶而弗朋惟天下之鳥惟鳳爲能從其形於是道鳳之道志思以鳳之鳴鳴天下奚鳩見而謂之曰子矣知夫木主之與土偶乎上古聖人以木主

09022 太師誠意伯劉文成公集十八卷 （明）劉基撰　明嘉靖三十五年（1556）樊獻科、于德昌刻本

匡高21厘米，廣14厘米。半葉十行，行二十三字，白口，四周雙邊。天津圖書館藏。

太師誠意伯劉文成公集卷之一

後學麗水何鏜編校

御書

御製慰書

今日聞知老先生尊堂辭世去矣壽八十餘歲人生在世能

有幾箇如此先生聞知莫不思歸否先生既來助我事業未

成若果思歸必當且寬於禮我正當不合解先生休去為何

此一小城中我掌綱常正宜教人忠孝却不當當先生歸去

昔日徐廙助劉先主母被曹操操將去廙云方寸亂矣乞放

我歸先主容去致使子母團圓然此先生之母若生而他處

09023、09024 太師誠意伯劉文成公集二十卷 （明）劉基撰　明隆

慶六年（1572）謝廷杰、陳烈刻本

匡高20.4厘米，廣14.5厘米。半葉十行，行二十三字，白口，四周雙邊。天

津圖書館藏；黑龍江省圖書館藏，有"丁福保四十後讀書記"等印。

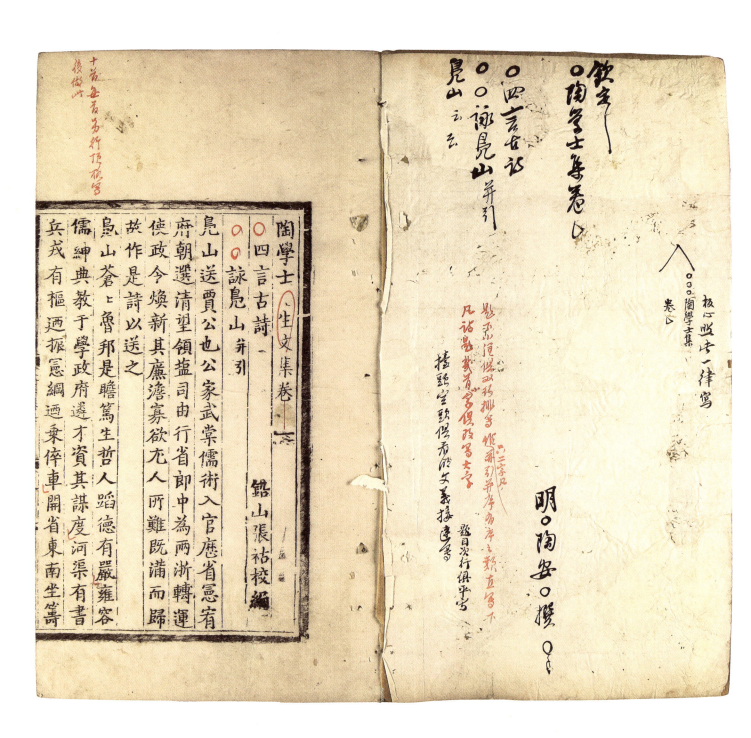

09025-09029 陶學士先生文集二十卷 （明）陶安撰　**事跡一卷**　明弘治十三年（1500）項經刻遞修本

匡高19.9厘米，廣12.5厘米。半葉十行，行十八字，黑口，四周雙邊。吉林省圖書館藏，有"博古齋收藏善本書籍"、"杭州王氏九峰舊廬藏書之章"、"綏珊六十以後所得書畫"等印；吉林大學圖書館、北京大學圖書館、南京市博物館藏；國家圖書館藏，爲四庫底本，有"翰林院印"等印。

参音查

王忠文公文集卷之六

廬陵銅溪劉傑編輯
廬陵銅溪劉同校正

序

上京大宴詩序

至正九年夏五月 天子時巡上京乃六月二十有八日大宴失剌
斡爾朶越三日而竣軍遵彝典也盖自
世祖皇帝統一區夏空都
于燕復采古者兩京之制度闢而北即灤陽為上都每歲大駕巡幸
后宮儲闈宗藩戚畹窀窀執從窎百司庶府皆扈從以行既駐蹕則張
大宴所以眧等威均福慶合君臣之歡通上下之情者也然而朝廷
之禮主乎嚴肅不嚴則無以聳退迩之瞻視故凡預宴者必同
冠服異鞍馬窮極華麗振耀儀采而後就列世因稱曰參馬宴又曰
只孫宴參馬者俗言其馬飾之衿衔也只孫者譯言其服色之齊一

09030 王忠文公文集二十四卷 （明）王禕撰 附録一卷 （明）朱肇
輯 明正統七年（1442）劉傑刻本
匡高15.9厘米，廣13.5厘米。半葉十三行，行二十六字，黑口，四周雙邊。
卷十、十二至十三、十五補配。有“雙鑑樓藏書印”、“傅沅叔藏書記”等
印。山西博物院藏，存十三卷。

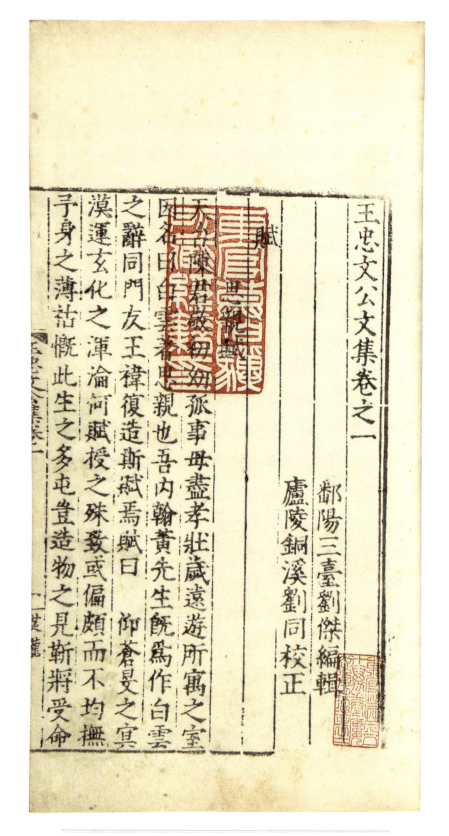

09031 王忠文公文集二十四卷 （明）王禕撰　明嘉靖元年（1522）張齊刻本[四庫底本]

匡高18.9厘米，廣12.4厘米。半葉十行，行二十字，白口，左右雙邊。國家圖書館藏。

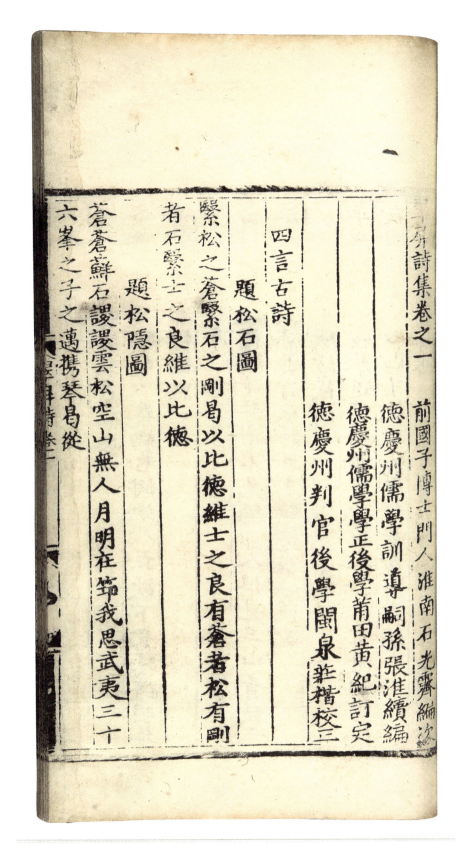

四言古詩

題松石圖

縈松之蒼縈石之剛昌以比德維士之良有蒼者松有剛
者石縈士之良維以比德

題松隱圖

蒼蒼蘚石謖謖雲松空山無人月明在節我思武夷三十
六峯之子之邁攜琴昌從

前國子博士門人淮南石光霽編次

德慶州儒學學訓導嗣孫張淮續編

德慶州儒學學正後學莆田黃紀訂定

德慶州判官後學閩泉莘楷校

翠屏詩集卷之一

09032 翠屏集四卷 （明）張以寧撰 **張氏至寶集挽詩一卷** （明）張瑄輯 明成化十六年

（1480）張淮刻本

匡高19.9厘米，廣14.3厘米。半葉十一行，行二十二字，黑口，四周雙邊。有"蘭揮"、"宋筠"、

"無悔齋藏"、"曾在趙元方家"等印。國家圖書館藏。

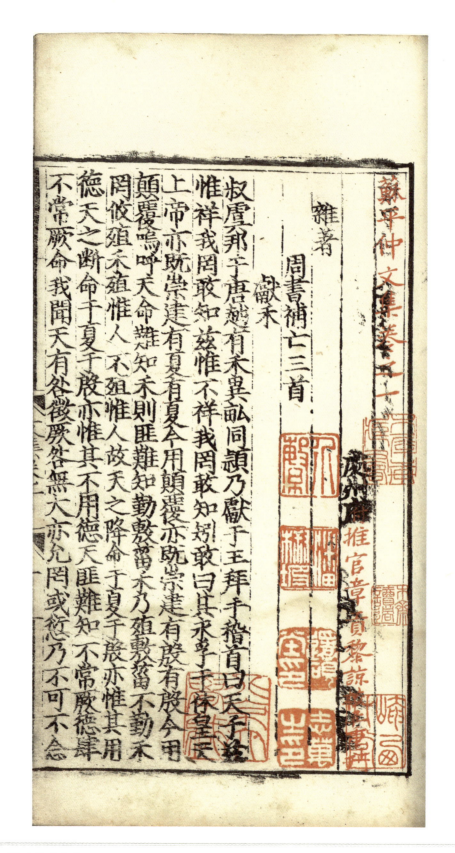

09033 蘇平仲文集十六卷 （明）蘇伯衡撰　明正統七年（1442）黎諒刻本

匡高20.8厘米，廣13.4厘米。半葉十二行，行二十四字，黑口，四周雙邊。有"麟嘉館印"、"潘茱坡圖書印"、"崦西草堂"、"木齋讀過"、"木犀軒藏書"等印。北京大學圖書館藏，有抄配。

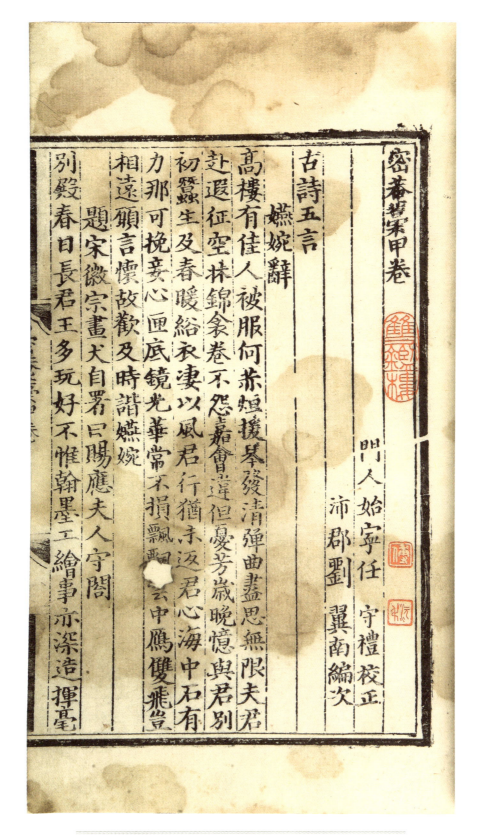

09034 密菴稾五卷文稿五卷 （明）謝肅撰　明洪武三十一年（1398）

劉翼南刻本

匡高18.9厘米，廣12.7厘米。半葉十二行，行二十二字，黑口，四周雙邊。
汪鏞跋、傅增湘校幷跋。國家圖書館藏。

擬古　詩一十二首

缶鳴集卷之一　　後學愚姪周立恭禮校正重編

○其一

慕慕墙下李芃芃陂中麥浩浩望遠塗悠悠思行客
客行歲巳盈紅鬱傷我情始知失群鴻不若求友鷖
登山知天高臨流識川阻不遺懷同心郷知別離苦
別離不可久寂寞不可守自傷紅顏子相思成皓首
朝日如不晚行人會當返

。其二

嵯峨雲間樓俯視層城陰綺戶相洞開清飇拂羅襟

缶鳴集一

二

09035 缶鳴集十二卷　（明）高啓撰　明刻本

匡高19.1厘米，廣13.9厘米。半葉十一行，行二十字，小字雙行同，白口，
左右雙邊。浙江大學圖書館藏。

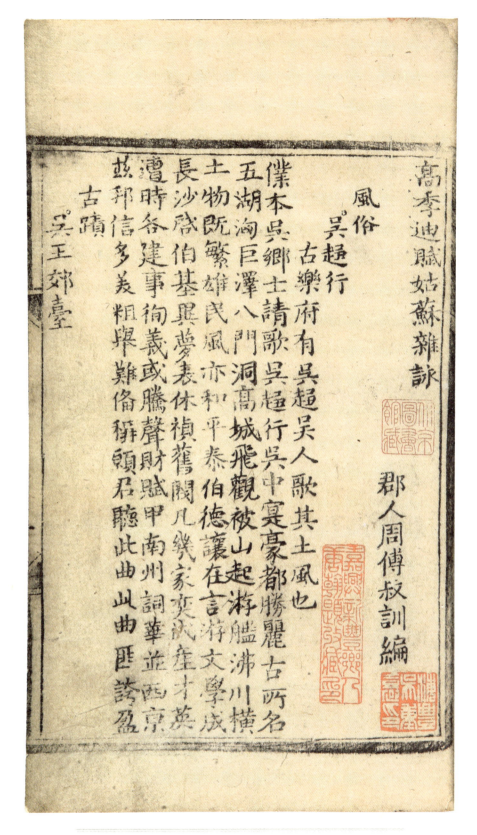

高季迪賦姑蘇雜詠

郡人周傳叔訓編

風俗

吳趨行

古樂府有吳趨吳人歌其土風也

僕本吳鄉士請歌吳趨行吳中寔豪都勝麗古所名
五湖淘巨澤八門洞高城飛觀被山起游艦沸川橫
土物既繁雄民風亦和平泰伯德讓在言游文學成
長沙咸伯基異夐休禎舊閥凡幾家奕戎産才英
禮時各建事徇義或騰聲財賦甲南州詞華並西京
故邦信多美粗舉難備倫稱頭君聽此曲山曲匪誇盈
古蹟吳王郊臺

09036 高季迪賦姑蘇雜詠一卷 （明）高啓撰 明洪武三十一年（1398）

蔡伯庸刻本
匡高17.3厘米，廣12.5厘米。半葉十三行，行二十字，黑口，四周雙邊。唐
翰題跋。國家圖書館藏。

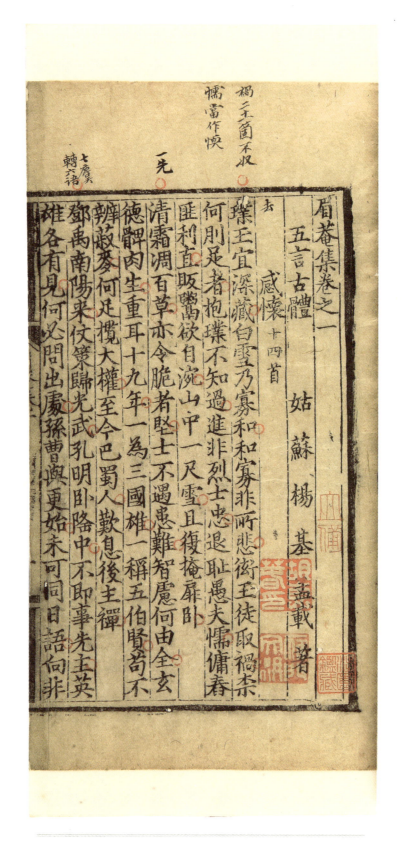

09037 眉菴集十二卷補遺一卷 （明）楊基撰 明成化二十一年（1485）

張習刻本

匡高19.5厘米，廣12.6厘米。半葉十一行，行二十一字，黑口，四周雙邊。

王獻臣、王玉芝題款，黃丕烈跋。國家圖書館藏。

五言古體

雜詩三首

右皇有嘉樹受命生南國諒承雨露恩結根非一日如何游間子攀條摘其實一摘巳自傷況乃再三摘清霜凋緑葉榮枯良未測

泠泠山下泉汨汨谷中源中有雙鯉魚浮游戲波瀾江漢豈不深欲徙道無緣風雲諒難遇栖栖守故淵但恐勺水枯終爲漁者憐感此令人悲置身良獨難

生平慕游俠驅馬適東周周人重千金所遇非我儔撫劍登太山歷覽曾與郷小儒事絃歌齪齪安足由北臨

靜居集卷之一

濤陽張羽來儀著

09038 靜居集六卷 （明）張羽撰　明弘治四年（1491）刻本

匡高18.8厘米，廣12.4厘米。半葉十一行，行二十一字，黑口，四周雙邊。有"汪士鐘藏"、"茶坡潘介繁珍藏之印"等印。北京大學圖書館藏。

斗南老人詩集卷四

七言近體

聖壽金山

翰撰臣胡奎　　撰

翰撰臣周冕奉敕編次

09039 斗南老人詩集四卷 （明）胡奎撰　明姚綬抄本

有"項元汴印"、"墨林之印"、"退密"、"彞"、"尊"等印。天津圖書館藏。

解學士文集卷之一

應制古詩

河清頌有序

臣縉承詔總脩

大明大祖聖神文武欽明啓運俊德成功統天大孝高皇帝

實録自渡江七年辛丑冬十一月三門磧下黄河清寔啓

聖之徵

帝業由是遂成明年平江漢又明年服荆楚又明年定兩浙

又明年克姑蘇廓清中原四表寕一迺即

帝位紀元洪武之年三門磧黄河復清

帝業由是而盛高麗來朝爲海外諸國先殊方接武而至逾

三年

09040、09041 解學士文集十卷 （明）解縉撰　明嘉靖四十一年（1562）

刻本

匡高20.9厘米，廣15.5厘米。半葉十二行，行二十三字，小字雙行同，白
口，四周雙邊。江西省圖書館藏；重慶圖書館藏，有"古香樓"、"休寧汪
季青家藏書籍"等印。

卷之十二

前吏部主事蕭德容墓表
竹庵處士吳公墓誌銘　建□訓道□徐公墓誌銘
北山樵隱處士趙士墓誌銘　怡壽處士怡老徵士兄弟合志
翰林院編修林廷翊墓誌銘　歸田蒙
蕙山山人應君墓誌銘
贈太常博士張公墓碑銘　愚庵處士陳公墓誌銘
耕㘉處士葉本源墓誌銘　存齋處士蔡君墓誌銘
慈耕處士應尚惠墓誌銘　葛天正墓誌銘
裕軒曹處士墓誌銘　翰林廣吉士張士銓墓誌銘
夷山處士郭公墓誌銘　善庵處士徐墓誌銘
陳母汪安人墓誌銘　澄菴章處士墓誌銘
義民施永馞甫墓誌銘　雲庵處士墓誌銘
黃文簡公介菴集目錄終

黃文簡公介菴集卷之一

四言
　聖言瑞應詩有序

皇帝嗣承　天序統臨萬方政舉化孚時和氣順若遠若近主悲
直悲臣刀玩兢業業凤夜廉寧深惟
皇考太祖聖神文武欽明啟運俊德戎功統天大孝
皇妣孝慈昭憲至仁文德承天順聖高皇后同勤開創二儀合
高皇帝締造家邦
德內外協和燕翼謀猷垂裕萬世肆予後人昌報涓埃故九可
以致孝者竭力為之猶恐弗及乃永樂四年十一月庚申集天
下道流即朝天宮為壇建　金籙大齋式展孝思更資需澤利
濟群品光期戒約臣民嚴潔齋夜建壇之□日辛酉有青鸞鳿白

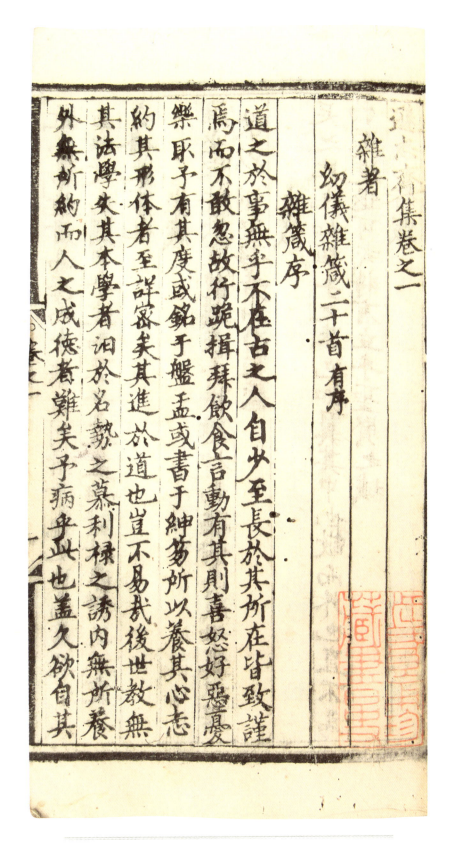

09043 遜志齋集三十卷拾遺十卷 （明）方孝孺撰 **附錄一卷** 明成

化十六年（1480）郭紳刻本

匡高21.6厘米，廣13.5厘米。半葉十行，行二十二字，黑口，四周雙邊。浙

江省瑞安市文物館藏。

遜志齋集卷之一

中順大夫浙江按察司副使奉　勅提督學校雲間沈繼一　編輯

奉政大夫浙江按察司僉事奉　勅整飭兵備南昌虞堯臣　校訂

中順大夫浙江台州府知府事前刑部郎中東吳王可大　校刊

雜著

幼儀雜箴二十首有序

道之於事無乎不在古之人自少至長於其所在皆
致謹焉而不敢忽故行跪揖拜飲食言動有其則喜
怒好惡憂樂取予有其度或銘于盤盂或書于紳笏
所以養其心志約其形體者至詳密矣其進於道也

09044　遜志齋集二十四卷　（明）方孝孺撰　附錄一卷　明嘉靖四十年（1561）王可大刻本
匡高19.9厘米，廣14.5厘米。半葉十行，行二十字，白口，左右雙邊。天津圖書館藏。

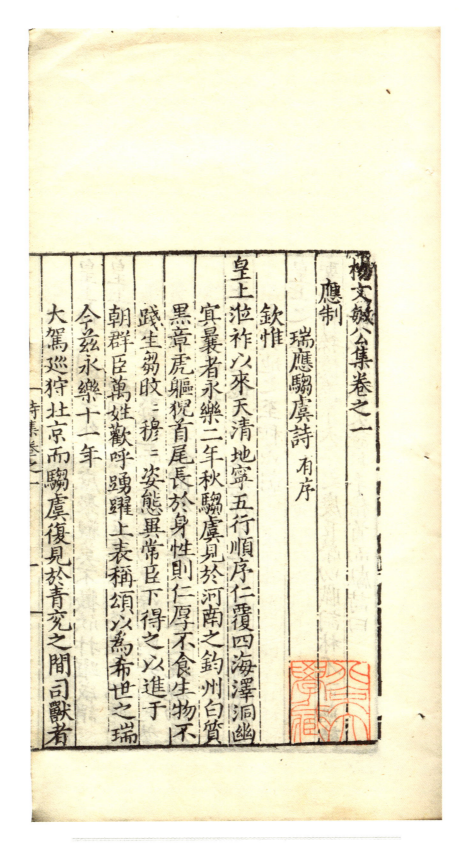

09045 楊文敏公集二十五卷 （明）楊榮撰 **附錄一卷** 明正德十年
（1515）刻本

匡高17.5厘米，廣12.7厘米。半葉十一行，行二十一字，白口，四周單邊。
北京大學圖書館藏。

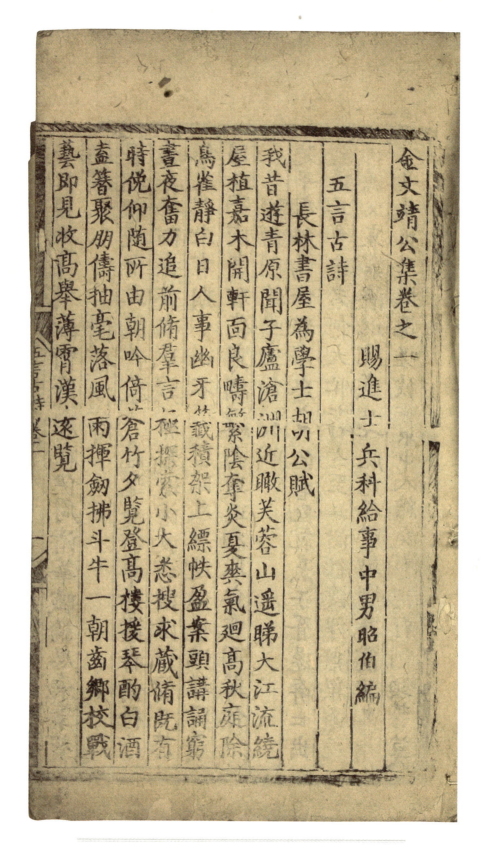

金文靖公集卷之一

賜進士　兵科給事中男昭伯編

五言古詩

長林書屋為學士胡叔昭公賦

我昔遊青原聞子廬滄州
近瞰芙蓉山遙睇大江流繞
屋植嘉木開軒面良疇幽陰奪炎夏凜氣廻高秋庭除
為雀靜白日人事幽牙籤積架上縹帙盈案頭講諷窮
晝夜奮力追前脩羣言一極擥窮索小大悉搜求藏脩晼有
特悗仰隨所由朝吟倚蒼竹夕覽登高樓援琴酌白酒
盡簽聚朋儔抽毫落風雨揮劍拂斗牛一朝齒鄉校戰
藝即見牧高舉薄霄漢逐覽

09046　金文靖公集十卷　（明）金幼孜撰　明成化四年（1468）金昭伯
刻弘治六年（1493）盧淵重修本
匡高21.9厘米，廣13.5厘米。半葉十一行，行二十一字，黑口，四周雙邊。
江西省圖書館藏，存九卷。

東里文集續編卷之一

盧陵楊文貞公士奇著

記

恩榮堂記

臨江屬邑三而淦爲鉅淦初隸吾古與吉密比如東
西家至今其人秀厚其俗好義而尚文與吉同吾四
十年之前嘗艤舟西岸升金川驛而四望截平玉箸
諸峯之雄秀浩乎章江之大且深其間車馬之轇轕
南檣北棹之絡繹則莫非馳騁乎榮利之爲也顧近
驛廬舍櫛比壤地肥沃其人勤於稼穡耕者耘者牧
者餉者皆俛治所務不苟舉目左右睨際余間卽而

09047 東里文集續編六十二卷別集不分卷 （明）楊士奇撰 **附錄四
卷** 明嘉靖二十八年（1549）黃如桂刻本

匡高20.5厘米，廣15厘米。半葉十一行，行二十字，白口，四周單邊。西安
博物院藏。

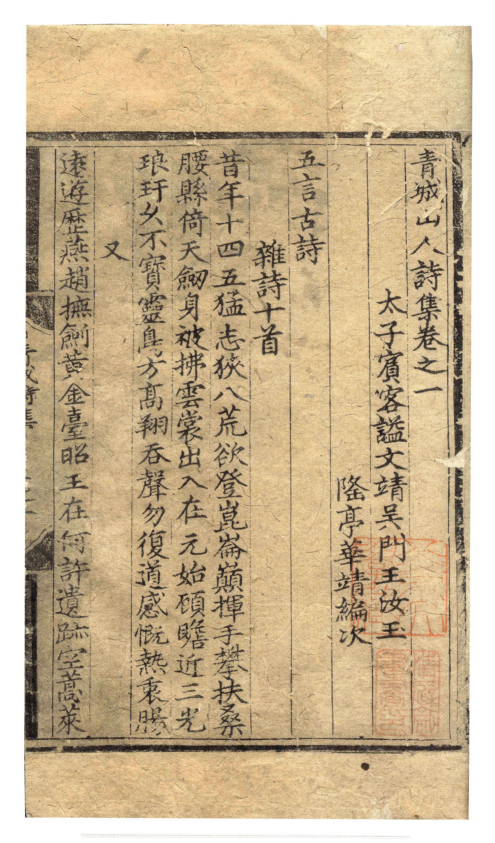

09048 青城山人詩集八卷 （明）王汝玉撰　明景泰四年（1453）華靖
刻本

匡高19厘米，廣13.9厘米。半葉十行，行二十字，黑口，四周雙邊。有"清
癖齋書畫印"等印。李盛鐸跋。北京大學圖書館藏。

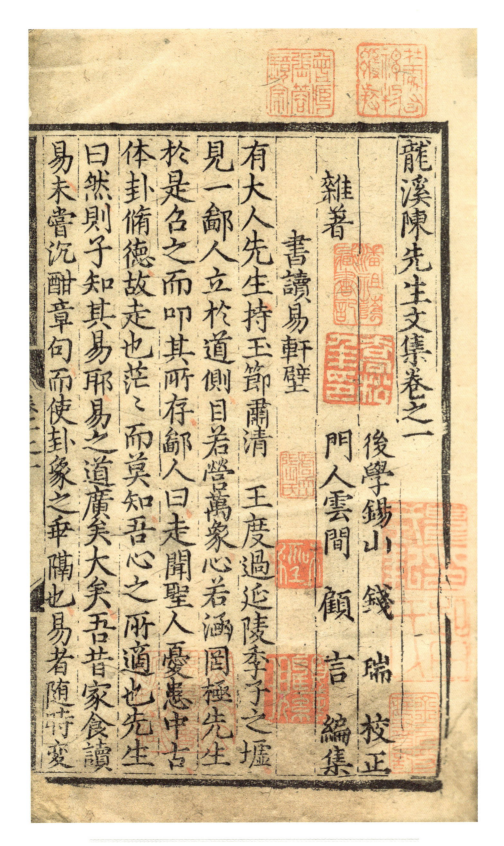

09049 龍溪陳先生文集五卷 （明）陳暐撰 **附録一卷** 明正統五年
（1440）顧言刻本

匡高18.3厘米，廣12厘米。半葉十行，行二十字，黑口，四周雙邊。有"翟
式耕印"、"潘祖蔭藏書印"、"金元功藏書記"、"琴川張氏"等印。北
京大學圖書館藏。

南齋先生魏文靖公摘藁卷之一

前集

寧國縣知縣前纂修　國史鴻臚寺序班男完編次

通奉大夫福建布政使司左布政使孫壻洪鐘校摘

序

贈鄒宗戚赴會試序

正統三年秋八月時維大比應天府遇　成憲合坼内

十有三郡之士如例試以三場既微辣其文得合主司

程度者凡八十人不予交餘乾鄒縣宗戚名在上列其

相知者既咸為宗戚榮之乃復以上春官有日徵予言

為贈夫宗戚盖前立春坊　嘉子名濟字用舟贈太子

09050　南齋先生魏文靖公摘藁十卷　（明）魏驥撰　附録一卷　明弘

治十一年（1498）洪鐘刻清康熙八年（1669）王余高重修本

匡高21.4厘米，廣14厘米。半葉十行，行二十一字，黑口，四周雙邊。北京
大學圖書館藏。

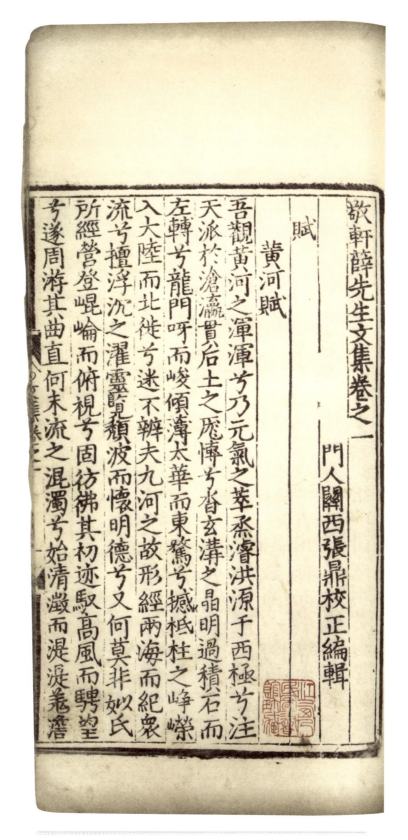

09051 敬軒薛先生文集二十四卷 （明）薛瑄撰　明弘治十六年（1503）

李越刻遞修本

匡高21.3厘米，廣14.1厘米。半葉十一行，行二十二字，小字雙行同，黑口，四
周雙邊。江西省圖書館藏。

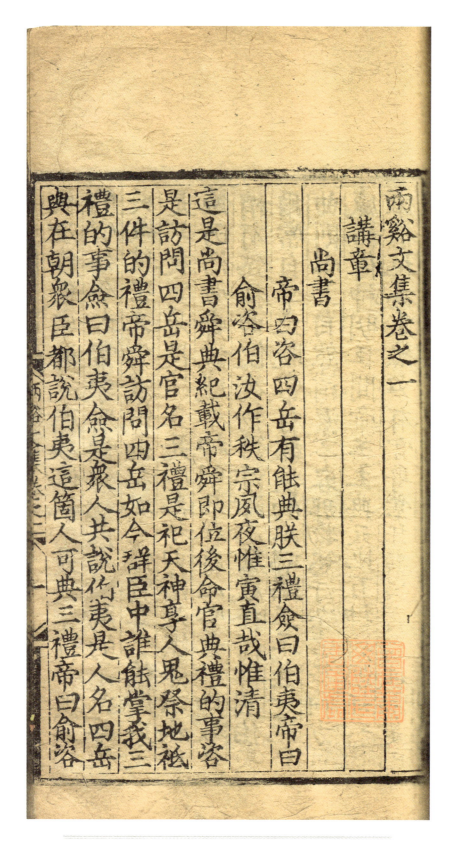

09052 兩谿文集二十四卷 （明）劉球撰　明成化六年（1470）劉鉞刻本

匡高18.9厘米，廣12.8厘米。半葉十行，行二十字，黑口，四周雙邊。北京大學圖書館藏。

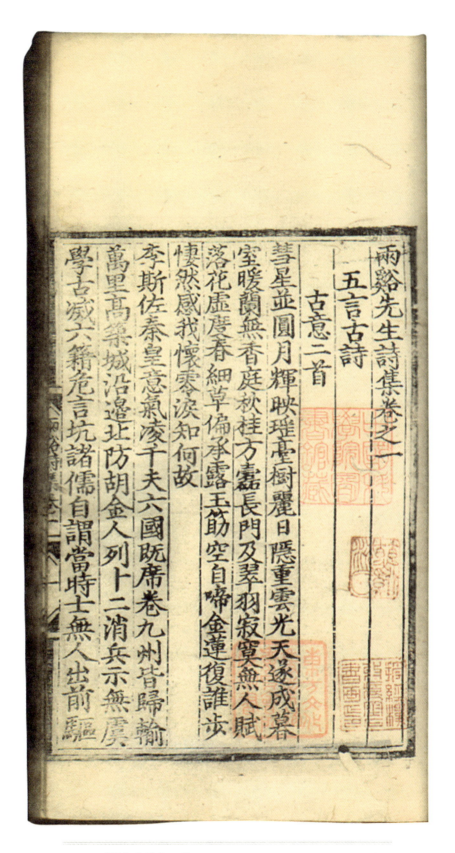

09053 兩谿先生詩集四卷 （明）劉球撰　明成化十六年（1480）刻本

匡高18.2厘米，廣13厘米。半葉十行，行二十字，黑口，四周雙邊。中國科學院國家科學圖書館藏。

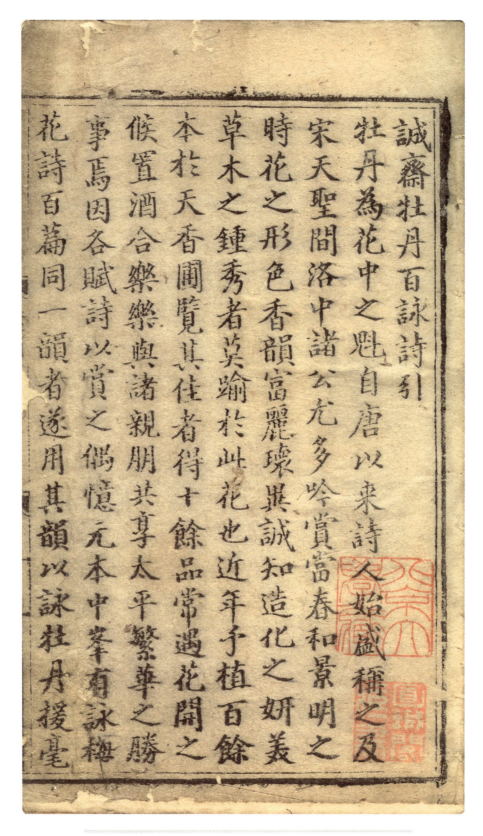

09054　誠齋牡丹譜一卷牡丹百詠一卷梅花百詠一卷玉堂春百詠一

卷　（明）朱有燉撰　明宣德刻本

匡高21厘米，廣13.3厘米。半葉九行，行二十字，黑口，四周雙邊。北京大學圖書館藏。

倪文僖公集卷之一

賦

早春賦 制景泰四年正月二十六日應

叙曰孟春者四時開闢之端坐育之首天地交泰萬物亨

通古先哲后政令所行罔不因時之宜故於是月下寬大

之書行慶賜之典所以體好生之盛德也肆惟

皇上臨御之四年為景泰癸酉時維初陽盛德在木

皇上既於元旦受萬方朝賀華夷畢集拜舞稱慶固已合

人心之驩戴矣復於辛日祀

上帝南郊風塵屏息瑞日晴麗又有以致天心之昭格焉

迺者滌垢掩瑕行慶施惠裁成輔相粵賛兩間四海臣民

09055 倪文僖公集三十二卷 （明）倪謙撰 明弘治六年（1493）刻本

匡高20.7厘米，廣14.2厘米。半葉十一行，行二十二字，黑口，四周雙邊。

有"蒼巖山人書屋記"、"志英"等印。北京大學圖書館藏。

商文毅公集卷之一

後學莆田鄭應齡編輯

建安楊組

新安劉珍校正

經筵講章

禹曰俞哉帝光天之下　至　敢不敬應

這是虞書益稷篇史臣記禹因帝舜有庶頑讒

說之慮欲其遠者德輝求賢勸功以感人心的

禹禹是帝舜臣名曰俞哉者是以帝舜加威於

庶頑說說之言爲然而中未嘗然之意也帝是

09056、09057 商文毅公集十一卷 （明）商輅撰　明隆慶六年（1572）

鄭應齡刻本

匡高18.8厘米，廣14.5厘米。半葉十行，行二十字，白口，四周雙邊。天津
圖書館、南京圖書館藏。

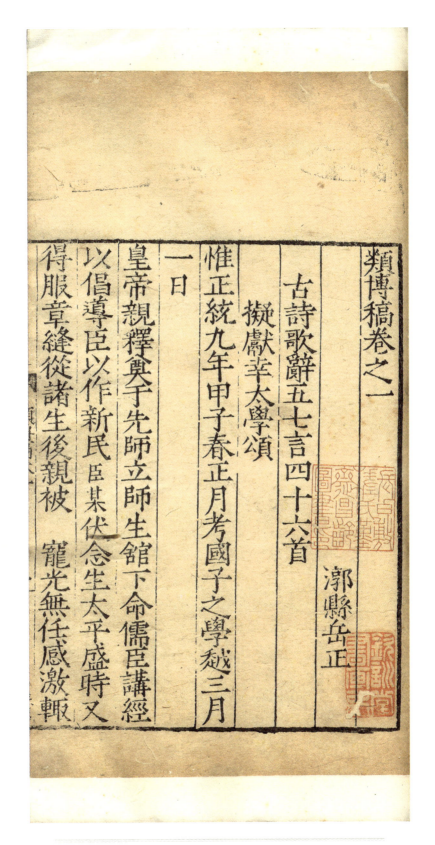

類博稿卷之一

古詩歌辭五七言四十六首

擬獻莘太學頌

惟正統九年甲子春正月考國子之學越三月
一日
皇帝親釋奠于先師立師生館下命儒臣講經
以倡導臣以作新民臣某伏念生太平盛時又
得服章縫從諸生後親被　寵光無任感激報

溧縣岳正

09058、09059　類博稿十卷　（明）岳正撰　明嘉靖十八年（1539）吳遂
刻本

匡高17.3厘米，廣14厘米。半葉九行，行十八字，白口，四周單邊。大連圖
書館藏，有“長白敷槎氏堇齋昌齡圖書印”、“欽訓堂書畫記”等印；重慶
圖書館藏。

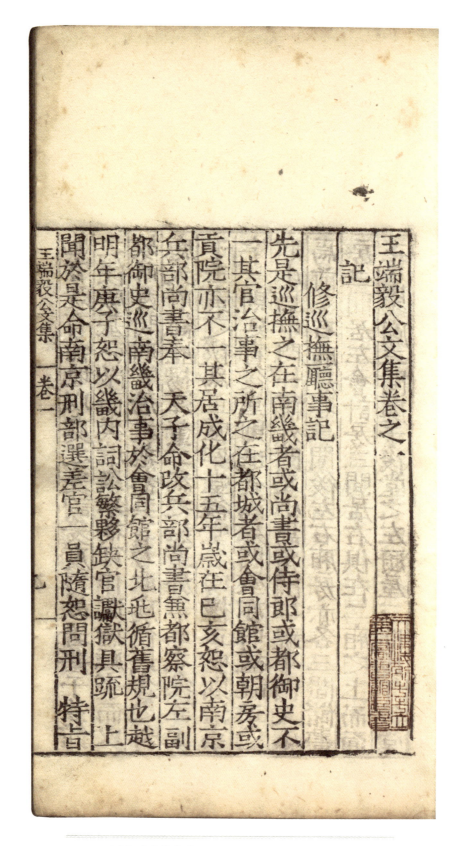

09060 王端毅公文集九卷 （明）王恕撰　明嘉靖三十一年（1552）喬
世寧刻本
匡高19厘米，廣13.2厘米。半葉十行，行二十字，白口，四周單邊。天津圖
書館藏。

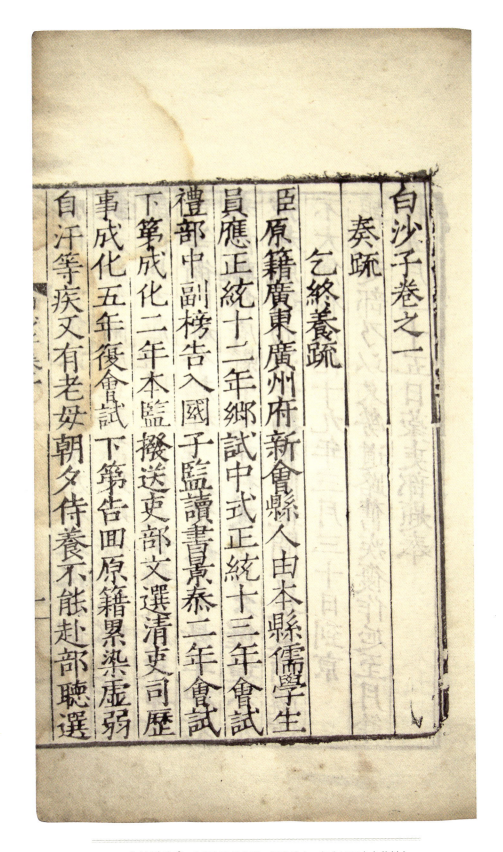

09061 白沙子八卷 （明）陳獻章撰　明嘉靖十二年（1533）卞萊刻本

匡高18.5厘米，廣14.1厘米。半葉九行，行十八字，小字雙行同，白口，左右雙邊。天津師範大學圖書館藏。

白沙先生詩教解卷之一

門人東莞林時嘉編校

門人鎮江府同知梁景行泰定

門人南京國子監祭酒湛若水輯解

後學南京國子監助教麥孟陽

李翶泰對

詩教解

甘泉生曰夫白沙詩教何爲者也言乎其以詩

爲教者也何言乎敎也敎者著作之謂也白

沙先生無著作也著作之意寓於詩也是故道

09062　白沙先生詩教解十五卷　（明）陳獻章撰　（明）湛若水輯解　明

嘉靖馬崧刻本

匡高19.2厘米，廣13.8厘米。半葉十行，行二十字，白口，左右雙邊。天津

圖書館藏。

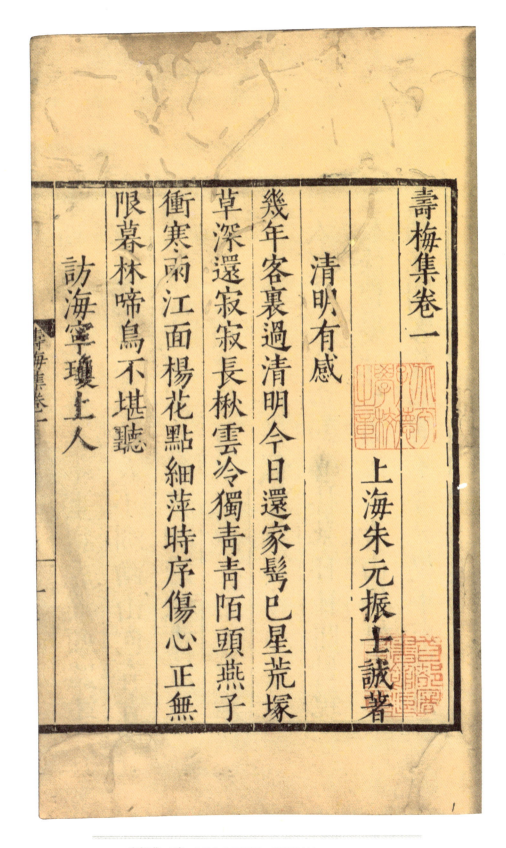

壽梅集卷一

上海朱元振士誠著

清明有感

幾年客裏過清明今日還家鬢巳星荒塚

草深還寂寂長楸雲冷獨青青陌頭燕子

衝寒雨江面楊花點細萍時序傷心正無

限暮林啼鳥不堪聽

訪海寧瓊上人

壽梅集卷一

09063　壽梅集二卷　（明）朱元振撰　明嘉靖刻本

匡高17.9厘米，廣13.9厘米。半葉八行，行十六字，白口，左右雙邊。有
"北平孔德學校之章"等印。首都圖書館藏。

思軒文集卷之一

記

制勅碑陰記

洪惟我朝

祖宗列聖以至仁大德覆露臣工士生斯時茍負一才
占一藝者靡不搜羅簡拔昇之禄仕以顯融之其仕而
率職也茍有微勞片善之可録又靡不褒嘉獎勵錫之
制勅以寵綏之
上之待下如此則下之感激而思奮者宜何如其報稱
也哉傳有之臣下竭力盡能以立功於國君必報之以

09064 思軒文集二十三卷 （明）王傅撰　明弘治七年（1494）刻本

匡高21.5厘米，廣13.5厘米。半葉十行，行二十一字，黑口，四周雙邊。有
"溫印啓封"、"太原溫氏收藏"等印。北京大學圖書館藏。

晉庵稿起任戌正統七年盡辛未景泰
年自十八歲至二十七歲所作

致知銘

人欲求道先致其知博學審問明辨慎思自心而身以至
萬物表裏精粗無一敢忽窮彼萬理會于一原是謂知至
可希聖賢

力行銘

人既知道當力於行始自孝弟尊師信朋至於百行無一
不免有過必改務遷于善日就月將不偏不息務底大成
聖賢之德,

持敬銘

惟知與行固為學則必有主之乃致乃力丹書之敬堯典

楊文懿公文集卷第一

09065 **楊文懿公文集三十卷** （明）楊守陳撰　明弘治十二年（1499）

新安刻本

匡高19.5厘米，廣13.6厘米。半葉十二行，行二十二字，黑口，四周雙邊。

北京大學圖書館藏。

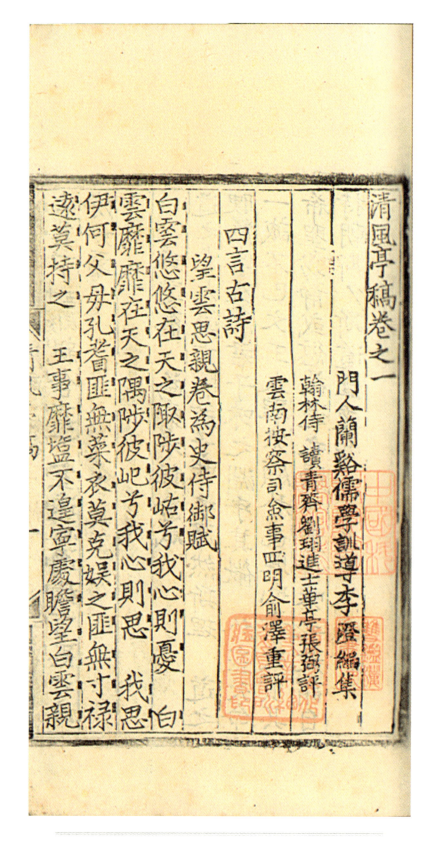

09066 清風亭稿八卷 （明）童軒撰 （明）李澄輯 明成化刻本

匡高18.3厘米，廣12.6厘米。半葉十行，行十八字，黑口，四周雙邊。有
"雙鑑樓藏書印"等印。中國科學院國家科學圖書館藏。

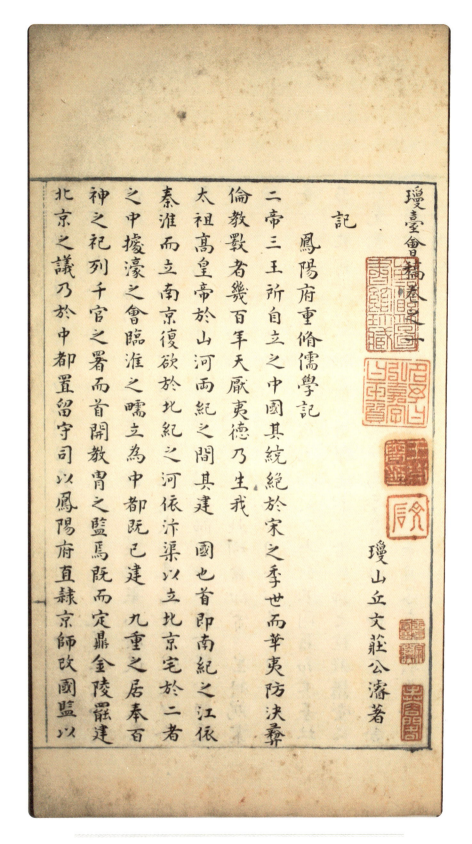

09067 瓊臺會稿十二卷 （明）丘濬撰　明抄本

匡高21厘米，廣15.3厘米。半葉十一行，行二十四字，藍格，白口，四周單邊。山西省祁縣圖書館藏。

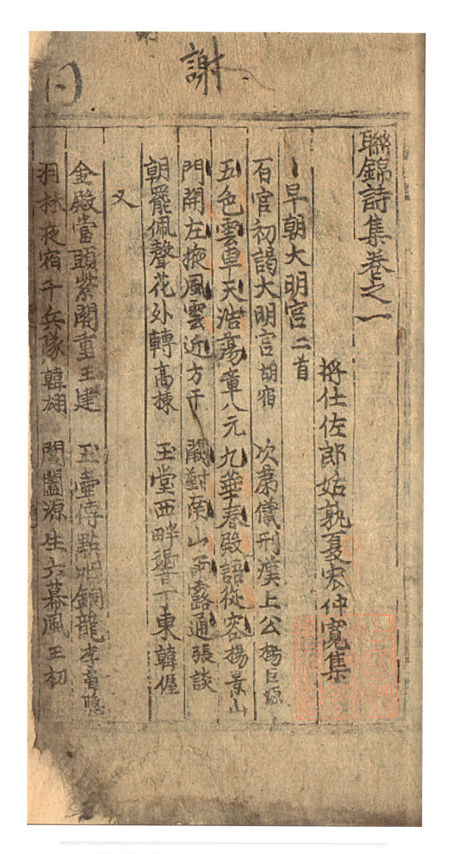

09068 聯錦詩集二卷 （明）夏宏撰　明景泰刻本

匡高19.9厘米，廣12.8厘米。半葉十行，行二十一字，黑口，四周單邊間四周雙邊。中國科學院國家科學圖書館藏。

謝文莊公集卷一

明翰林學士工部尚書贈太子少保文莊謝一夔著曾孫廷傑輯

制策類

皇帝制曰朕惟治天下亦多術矣舉而行之必有其

要傳謂禮樂刑政四達而不悖則王道備然則其

要固不出此四者而行之亦有先後緩急之序歟

唐虞三代所以措天下於雍熙泰和之盛者率用

此道可歷指其實而詳言之歟後之有天下者莫

若漢唐宋其間英君誼辟亦有用此道者然而治

效不能比隆於唐虞三代其故何歟朕嗣承

09069、09070 謝文莊公集六卷　（明）謝一夔撰　明嘉靖四十一年
（1562）謝廷傑刻本

匡高20厘米，廣14厘米。半葉十行，行二十字，白口，左右雙邊。江西省圖
書館、浙江大學圖書館藏。

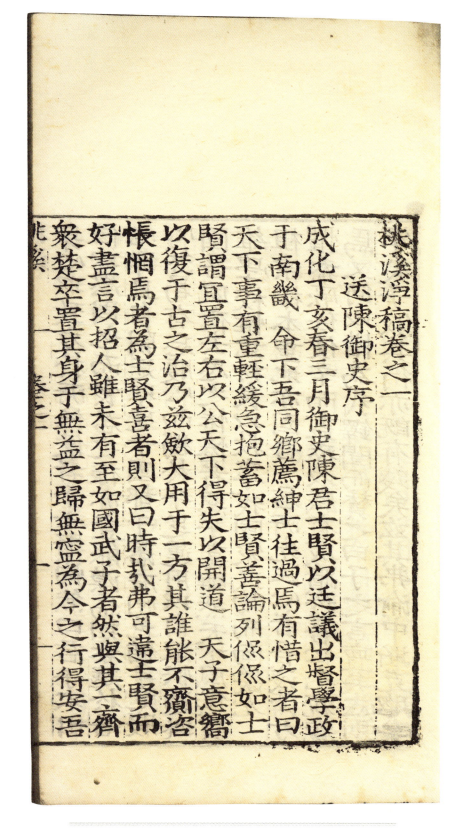

09071 桃溪淨稿文集三十九卷詩集四十五卷 （明）謝鐸撰　明刻本

匡高18厘米，廣13.2厘米。半葉十行，行二十字，白口，四周單邊。天津圖
書館藏。

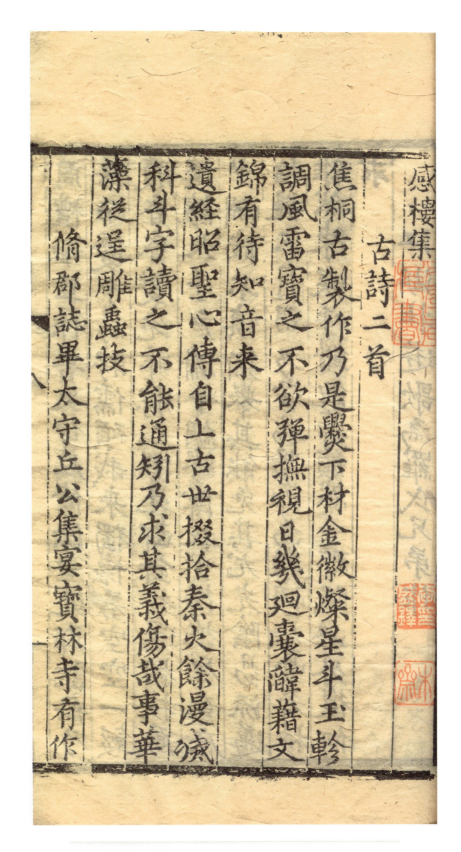

09072 感樓集一卷 （明）賀甫撰　明弘治四年（1491）刻本

匡高17.9厘米，廣12.3厘米。半葉九行，行十七字，黑口，左右雙邊間四周單邊。有"惜陰道人"、"木齋"、"李印盛鐸"、"木犀軒藏書"、"少微"、"李滂"等印。北京大學圖書館藏。

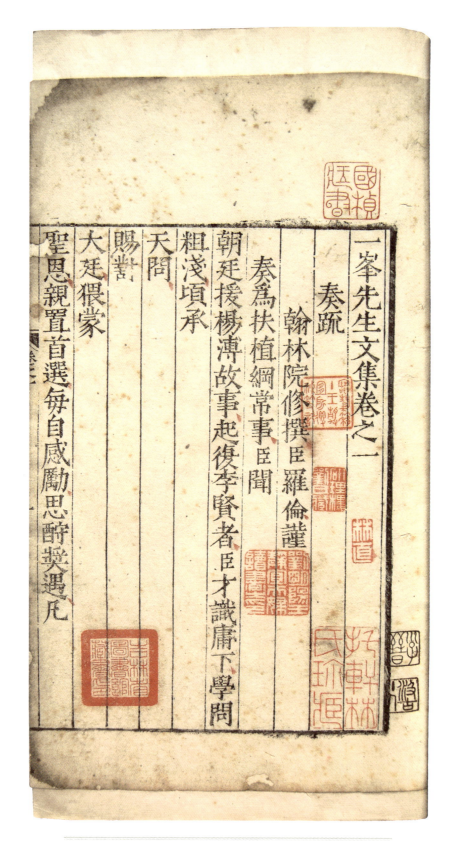

09073　一峯先生文集十一卷 （明）羅倫撰　明正德十一年（1516）羅
幹刻本

匡高19.2厘米，廣14.1厘米。半葉十行，行十九字，白口，左右雙邊。有
"正德丙子仲冬月刊"牌記。有"劉明陽王靜宜夫婦讀書之印"、"研理樓
劉氏藏"等印。吉林省圖書館藏。

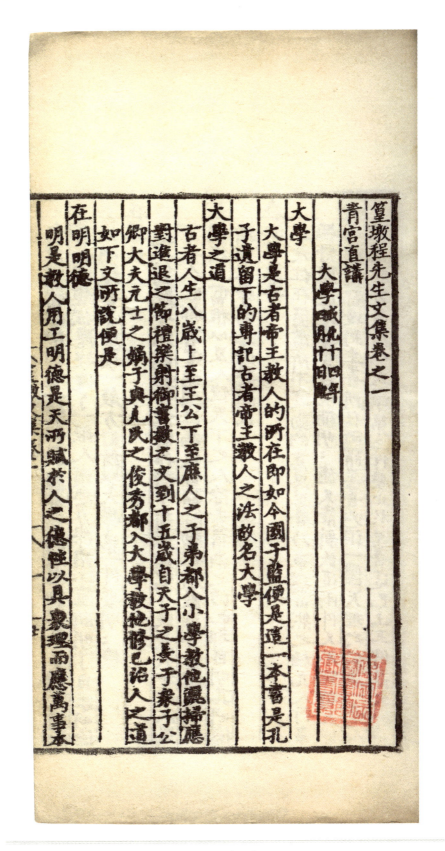

09074、09075 篁墩程先生文集九十三卷拾遺一卷 （明）程敏政撰　明正德二年（1507）何

歆刻本

匡高19.5厘米，廣13.1厘米。半葉十三行，行二十七字，白口，四周單邊或左右雙邊。保定市圖書館藏；首都圖書館藏，卷三十七至四十二、四十八至五十三抄配，有"休寧汪季青家藏書籍"、"汪氏柯庭校正圖書"、"摛藻堂"、"希樸齋校勘"、"北平孔德學校之章"等印。

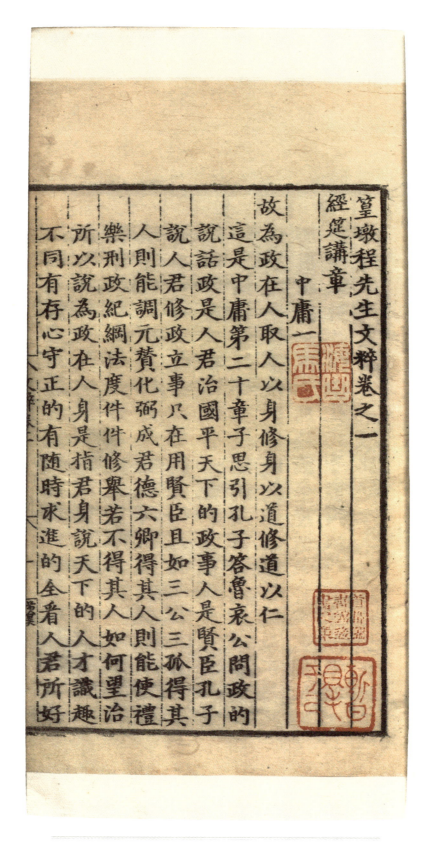

09076、09077 篁墩程先生文粹二十五卷 （明）程敏政撰 （明）程
曾 戴銑輯 明正德元年（1506）張九逵刻本
匡高19厘米，廣12.5厘米。半葉十一行，行二十一字，白口，四周單邊。吉
林省圖書館藏；首都圖書館藏，有“衡陽常氏潭印閣藏書之圖記”、“海曲
馬氏”等印。

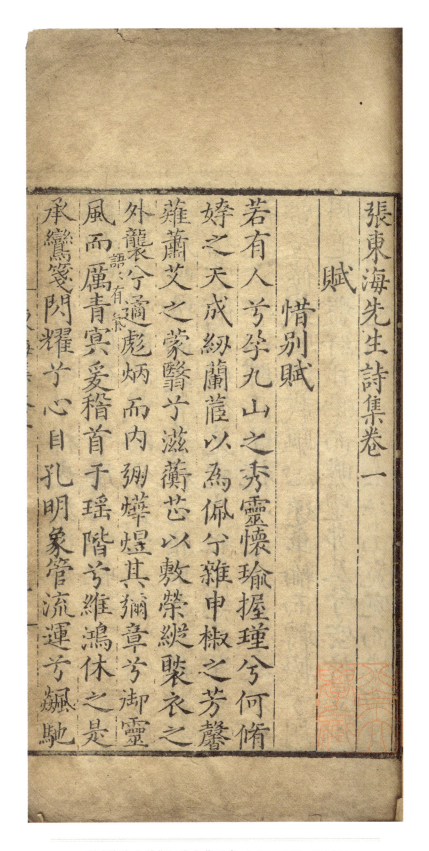

張東海先生詩集卷一

賦

惜別賦

若有人兮孕九山之秀靈懷瑜握瑾兮何脩

婷之天成紉蘭蕑以為佩兮雜申椒之芳馨

薙蕭艾之蒙翳兮滋蕙芷以敷榮縱縰衣之

外襲兮遹彪炳而内彌燁煜其彌章兮御靈

風而厲青竆爰稽首于瑶階兮維鴻休之是

承纘鷥箋闊耀兮心目孔明象管流運兮飆馳

09078 張東海先生詩集四卷文集五卷 （明）張弼撰　明末刻本

匡高18.7厘米，廣13厘米。半葉九行，行十七字，小字雙行同，白口，左右
雙邊。北京大學圖書館藏。

楓山章先生文集卷之一

從弟井菴居士沛編輯

毘陵　後學毛憲校正

廷對策

皇帝制曰朕惟古昔帝王之爲治也其道亦多端矣

然而有綱焉有目焉必大綱正而萬目舉可也若

唐虞之治大綱固無不正矣不知萬目亦盡舉歟

三代之隆其法寖備宜乎大綱正而萬目舉也可

歷指其實而言歟說者謂漢大綱正唐萬目舉宋

大綱亦正萬目未盡舉不知未正者何綱未舉者

09079、09080 楓山章先生文集九卷　（明）章懋撰　明嘉靖九年（1530）

張大綸刻本

匡高18.5厘米，廣13.8厘米。半葉十行，行二十字，白口，左右雙邊。浙江大學圖書館、中共中央黨校圖書館藏。

楓山章先生文集卷之一

奏疏　　　　　　　　　　　後學義烏虞守愚校刊

諫元宵燈火疏

翰林院編修臣章懋　臣黄伸昭檢討　臣莊㫤謹奏

爲壽養

聖德事成化二年十一月二十九日內閣遣郎中韓

定持小揭帖到於東閣及史館分與太常寺卿兼

翰林院侍讀學士吳節等令各賦烟火等詩以爲

上元賞翫之具臣等各授一帖內開烟火花燈等

項向貼詩讚題目仍令照依舊詩格式擬述進呈

09081、09082　楓山章先生文集四卷實紀一卷 （明）章懋撰　明嘉
靖二十一年（1542）虞守愚刻本
匡高20.9厘米，廣14.1厘米。半葉十行，行二十一字，白口，四周單邊。國家
圖書館藏，爲四庫底本，有"翰林院印"等印；浙江大學圖書館藏，存四卷。

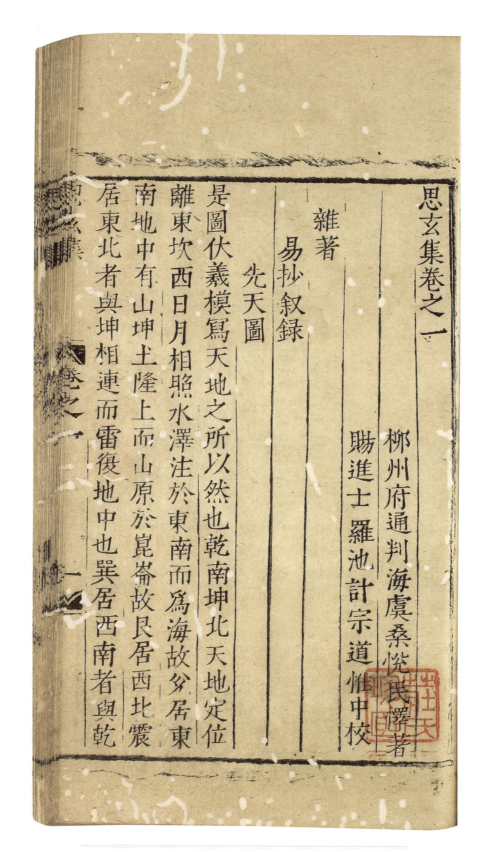

思玄集卷之一

賜進士羅池計宗道惟中校

郴州府通判海虞桑悅民懌著

雜著

易抄叙録

先天圖

是圖伏羲模寫天地之所以然也乾南坤北天地定位
離東坎西日月相照水澤注於東南而爲海故兑居東
南地中有山坤土隆上而山原於崑崙故艮居西北震
居東北者與坤相連而雷復地中也巽居西南者與乾

09083、09084 思玄集十六卷 （明）桑悅撰 **附録一卷** 明萬曆二年

（1574）桑大協活字印本

匡高20厘米，廣13.5厘米。半葉十行，行二十一字，白口，四周單邊。國家
圖書館藏；江蘇省常熟市圖書館藏，存九卷。

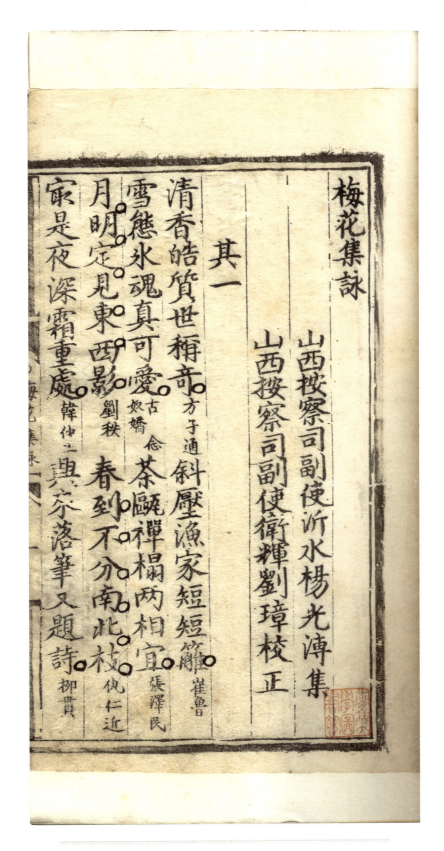

09085 梅花集詠一卷 （明）楊光溥撰 明弘治三年（1490）劉璋刻本

匡高21.1厘米，廣13.2厘米。半葉八行，行十八字，黑口，四周雙邊。北京大學圖書館藏。

匏翁家藏集卷第一

詩四十二首

秋日閒居

委巷寡人蹟杳無塵俗侵虛窗對高樹日午落疎陰玄蟬響方
斷好鳥復一唫俯首閱陳編直窺古人心抱冲世味薄處寂佳
境深涼風滿衣袖自起彈吾琴琴聲和以暢永日有餘音

觀溪童捕魚

江南五月黃梅雨一夜新添三尺水蓮葉東西蘆葦間斜陽映
水魚生子溪童褰裳脫雙履一見水深心獨喜不須撒網與板
繪捕得魚來多赤鯉鯉魚最短亦盈尺猶有老魚不知止君不
見鈔鱏鮐鱸棄長河去入龍門求大鮪

過南園俞氏書隱次劉祭酒先生韻二首

家藏集卷一

09086-09088 匏翁家藏集七十七卷補遺一卷 〔明〕吳寬撰 明正德三年（1508）吳奭刻本

匡高19.7厘米，廣14.7厘米。半葉十二行，行二十四字，白口，左右雙邊。吉林大學圖書館藏，有
"大雲燼余"等印；國家圖書館藏，章鈺校并跋；山西博物院藏，傅增湘跋，有"佩德齋珍藏印"、
"企驥軒"、"傅增湘"、"雙鑑樓珍藏印"等印。

石淙詩稿卷之一

　　　　　　　　門生北地李夢陽評點

鳳池類

　送樓巷先生省墓歸湖南為舉人時作
南國垂髫上帝京一經何幸有師承春風立遍庭前草
夜雪吹殘帳裏燈仙路幾年瞻閬苑故園三月夢巴陵

明時畫錦人都羨欲賦陽春恐未能

　　登岳陽樓為進士時作
樓頭仙子坐當窗橫外風帆擁去艤今古勝遊誰第一乾
坤偉觀此無雙山形南去連衡嶽湖水西來接大江極目
風光清不了題詩安得筆如杠

09089 石淙詩稿十九卷 （明）楊一清撰　明嘉靖刻本

匡高22厘米，廣13.5厘米。半葉十一行，行二十二字，小字雙行同，白口，四周雙邊。天津圖書館藏。

震澤先生集卷第一

賦

平闔廬賦

昔闔廬之霸吳兮卒託體乎茲丘慨往跡之日湮兮

曾不可乎復求峯巒紛以環合兮浮屠臺殿鬱以相

謬叶忽乎巓之坼裂兮劍池瀹淪而深黑術莫測其

所窈兮仰不見乎白日兩崖欽崟而鬭齧兮又巉巖

而斗絕信天造之險巇兮爲神怪之窟宅將擧首而

闖其淺深兮先魂驚而膚慄彼呂政之雄哮兮力驅

石而堙海將破山而求之兮令貌不知其所在宜元之

之不信兮謂往牒之我諔歲正德之協洽兮劍池忽

賦

石

闖

而

所

謬

曾

昔

平闔廬賦

賦

震澤先生集卷第一

09090 震澤先生集三十六卷 （明）王鏊撰　明嘉靖刻本

匡高17.3厘米，廣14.4厘米。半葉十一行，行二十字，白口，左右雙邊。吉林大學圖書館藏。

震澤先生集卷第一

賦

震澤王　鏊濟之著

平闔廬賦

昔闔廬之霸吳兮卒託體乎茲丘慨往跡之日沮兮
會不可平復求峯巒紛以環合兮浮層臺殿鬱以相
診叶忽平岡之坼裂兮劍池滃淪而深黑術莫測其
所窺兮仰不見乎兩崖欽釜而鬪鬻兮又嶄巖
而斗絕信天造之險巇兮為神怪之窟穴將舉首而
闔其淺深兮先魂驚而瘵栗彼呂政之雄哮兮力驅
石而堙海將破山而求之兮貌不知其所在宜元
之不信兮謂往牒之我詭歲正德之協洽兮劍池忽

09091 震澤先生集三十六卷 （明）王鏊撰　明嘉靖刻萬曆鶴來堂印本

匡高17.3厘米，廣14.3厘米。半葉十一行，行二十字，小字雙行字不等，白
口，左右雙邊。柳州市圖書館藏。

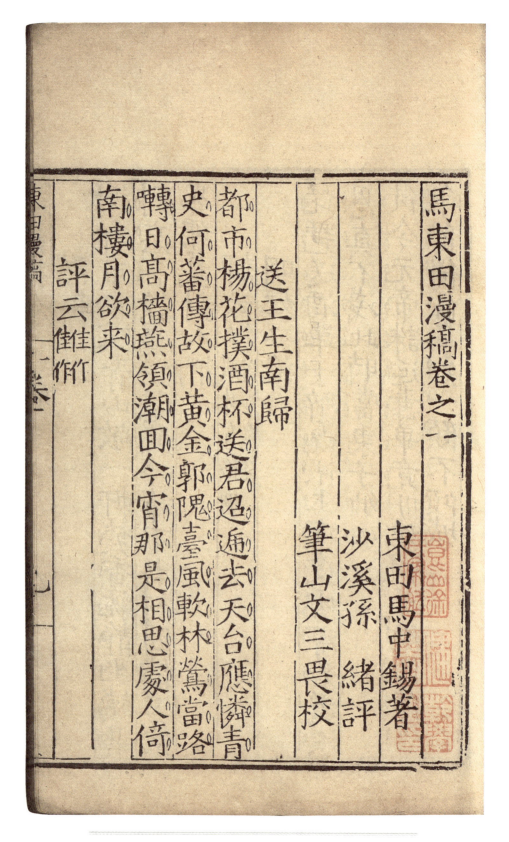

馬東田漫稿卷之一

東田馬中錫著

沙溪孫緒評

筆山文三畏校

送王生南歸

都市楊花撲酒杯送君迢遞去天台應憐青

史何蕃傳故下黃金郭隗臺風軟林鶯當路

轉日高檣燕領潮田今宵那是相思處人倚

南樓月欲來

評云佳作

09092-09094 馬東田漫稿六卷 （明）馬中錫撰 （明）孫緒評 明嘉靖
十七年（1538）文三畏刻本
匡高17.9厘米，廣13.4厘米。半葉十行，行十七字，白口，四周雙邊。天津
圖書館、浙江大學圖書館藏；首都圖書館藏，有"鄧尉徐氏藏書"、"北平
孔德學校之章"等印。

欝洲文集卷之二

欝洲梁 儲稿

男奕榾編輯

孫玫編輯

詔

牧馬地詔稿

初秦王請陝之邊境益其封壤內交嬖臣江彬

朱寧宦者張銳皆有賂爲之請 武皇帝詔與

之兵曹臣奏曰 祖皇帝有令禁茲土不得畀

藩封 上不聽兵科臣諫又不聽六科十三道

臣各執諫 上曰朕念親親與之勿距大學士

欝洲遺稿 卷之二 詔 一

09095 欝洲遺稿十卷 （明）梁儲撰 明回天閣刻本

匡高17.5厘米，廣13.4厘米。半葉九行，行二十字，白口，左右雙邊。浙江大學圖書館藏。

容春堂續集卷之一

辭賦

辭賦首五十　古詩二十九首　歌行二十九首

見海賦

邑博莆陽鄭君大節以其所自號見海者屬

予爲記予再詢焉而莫得其指遂託客語賦

之君名士烈以武爵遜其弟而自力於學鳳

爲莆君子所重今教吾錫諸生以爲得師焉

鄭子世居閩海之壖朝夕出遊與海周旋爲以見海

名乎其室意若自誇謂人莫識客或問焉鄭子曰惟

09096 容春堂前集二十卷後集十四卷續集十八卷別集九卷 （明）

邵寶撰　明正德嘉靖間刻本

匡高18.5厘米，廣14厘米。半葉十行，行二十字，白口，左右雙邊。北京大
學圖書館藏。

東所先生文集卷之一

番禺張詡著

奏疏

　辭免起用兼乞養病疏

丁憂起復戶部陝西清吏司主事臣張詡謹奏爲陳情乞

恩辭免起用事臣見年四十七歲原籍廣東廣州府番禺

縣人由成化二十年進士弘治二年　欽除前職弘治五

年二月二十四日聞父喪回籍守制弘治七年五月二十

四日服滿例該赴部起程間　臣因風患内傷又中時氣寒

執等病症一向調治未痊弘治十四年十月内本布政司

移文府縣内開奉吏部勘合一件起用賢才事該巡按廣

09097 東所先生文集十三卷　（明）張詡撰　明嘉靖三十年（1551）張

希舉刻本

匡高19.2厘米，廣14.7厘米。半葉十一行，行二十二字，白口，四周單邊。

天津圖書館藏。

虛齋先生文集卷之一

詞

自嘆

二十雖未老已知非少年欲將心事道祗恐付空言

題扇

風本造化權卻從手中得因思天下事也須著人力

見武夷二首

日日間山水今日見武夷點頭一段意山靈知不知

泰山孔子登武夷朱子寓吾想萬山靈亦羨二山遇

別鄒汝愚謫雷州集所史目五首

09098 虛齋蔡先生文集五卷 （明）蔡清撰　明正德十六年（1521）葛
志貞刻遞修本
匡高21.9厘米，廣14.5厘米。半葉十行，行二十四字，黑口，四周雙邊。天
津圖書館藏。

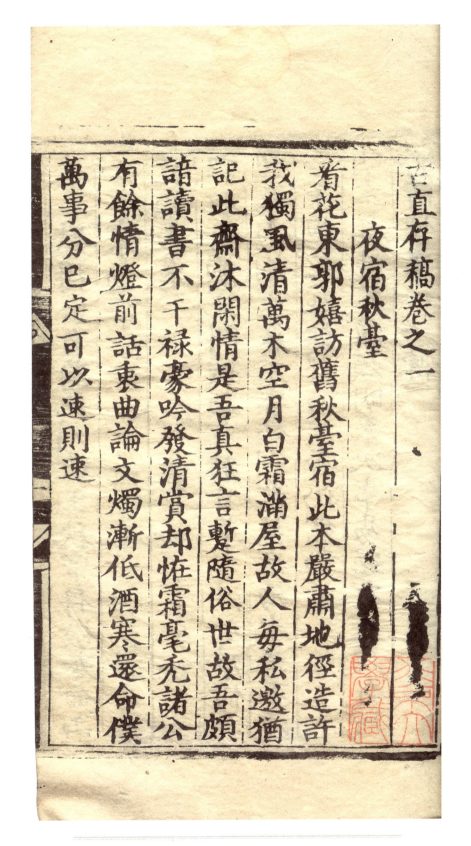

古直存稿卷之一

夜宿秋臺

昔花東郭嬉訪舊秋臺宿此本嚴肅地徑造許

我獨虱清萬木空月白霜滿屋故人每私邀猶

記此齋沐開情是吾真狂言暫隨俗世故吾頗

諳讀書不干祿豪吟發清賞却怔霜毫禿諸公

有餘情燈前話東曲論文燭漸低酒寒還命僕

萬事分已定可以速則速

09099 **古直存稿四卷** （明）王佐撰 明弘治十五年（1502）龐元化刻本

匡高20.5厘米，廣14.5厘米。半葉八行，行十八字，黑口，四周雙邊。北京
大學圖書館藏。

欽定□
□熊峯□集卷上

○○○送楊提學○在寧

○○五言古

○沽

明○石珤撰
○攫○

09100 熊峯先生詩集七卷文集三卷 （明）石珤撰　清康熙孫光焴刻本

[四庫底本]

匡高21.2厘米，廣12.5厘米。半葉九行，行二十字，白口，四周單邊。中國科學院國家科學圖書館藏。

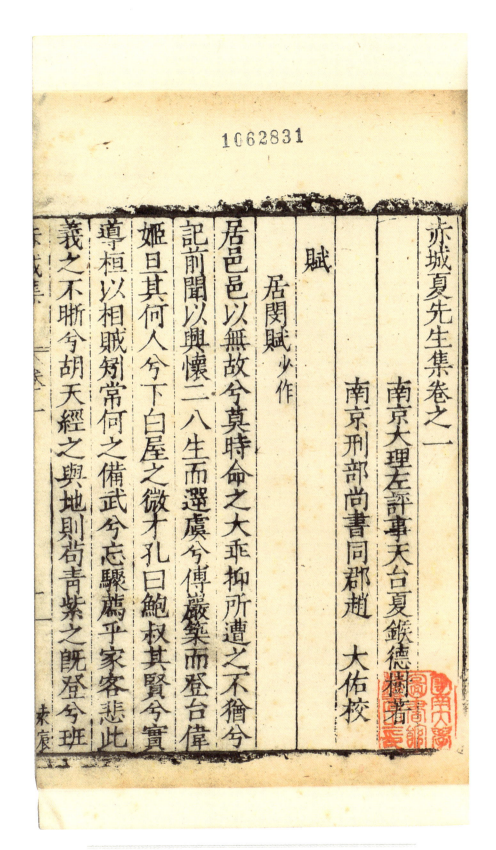

1062831

赤城夏先生集卷之一

南京大理左評事天台夏鍭德樹著

南京刑部尚書同郡趙　大佑校

賦

居閒賦少作

居邑邑以無故兮莫時命之大乖抑所遭之不猶兮
記前聞以與懷二八生而選虞兮傅嚴築而登台偉
姬曰其何人兮下白屋之微才孔曰鮑叔其賢兮實
導桓以相職矧常何之備武兮忘驥驪平家客悲此
義之不晰兮胡天經之與地則苟青紫之既登兮班

赤城集　　卷一

09101 赤城夏先生集二十三卷 （明）夏鍭撰　明嘉靖四十四年（1565）

王叔杲刻本

匡高18.6厘米，廣14.5厘米。半葉十行，行二十字，白口，左右雙邊。雲南大學圖書館藏。

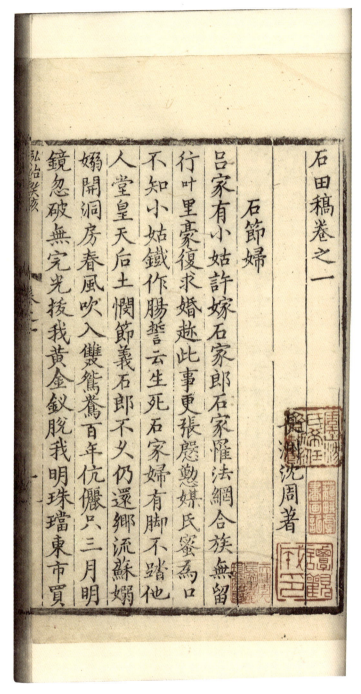

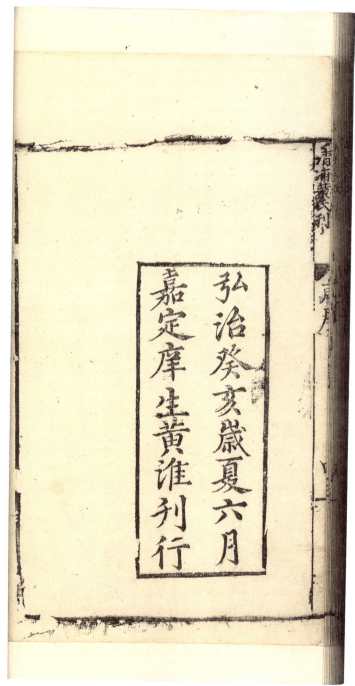

09102　石田稿三卷　（明）沈周撰　明弘治十六年（1503）黃淮集義堂刻本

匡高22.9厘米，廣14.3厘米。半葉九行，行十九字，白口，左右雙邊。有
"弘治癸亥歲夏六月嘉定庠生黃淮刊行"牌記。天津圖書館藏。

石田詩選卷之一　　　　長洲沈周著
　　　　　　　　　　　無錫安國重刊

天文

弘治改元元旦遇雨

我

元旦未及春東風意先蘇風來繼零雨和潤物皆濡勛

新天子沛澤彌九區河流亦傳清天與

聖德符賢俊日拔庸治道務精圖堯舜不異人政化無兩

途我衰在畝敢感激舞蹈俱告戒各努力勤耕備公租

黍穰多克禽淵靜無驚魚上下信影響餘坐幸千于

09103 石田詩選十卷 （明）沈周撰 （明）華汝德輯　明正德安國刻本

匡高18.5厘米，廣13.1厘米。半葉十一行，行二十二字，白口，四周單邊。

雲南大學圖書館藏，存五卷。

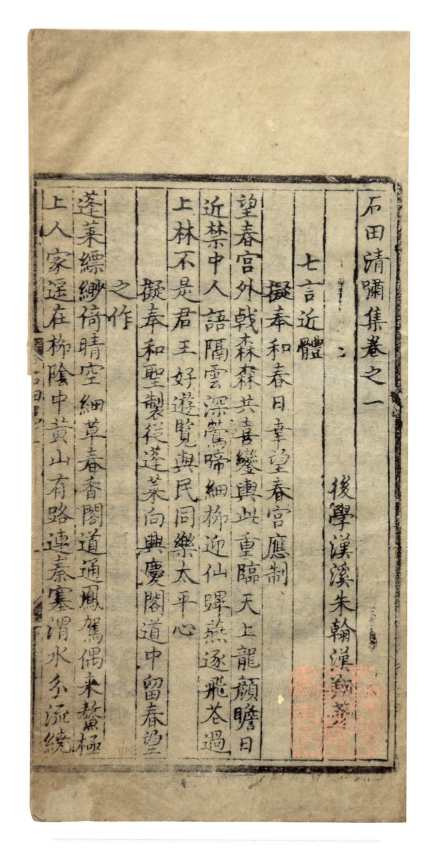

09104　**石田清嘯集□卷**　（明）朱翰撰　明成化十七年（1481）周瑾刻本

匡高18.9厘米，廣12厘米。半葉十一行，行二十字，黑口，四周雙邊。福建省圖書館藏，存六卷。

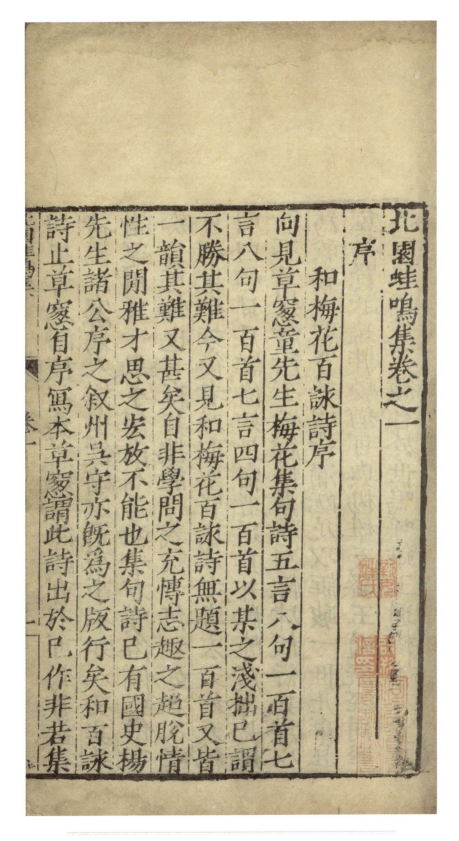

09105、09106 北園蛙鳴集十二卷 （明）鄭瓘撰　明隆慶元年（1567）

鄭國賢刻清康熙補修本

匡高18.1厘米，廣13.2厘米。半葉十行，行二十字，白口，四周單邊。山東
省圖書館、河南省圖書館藏。

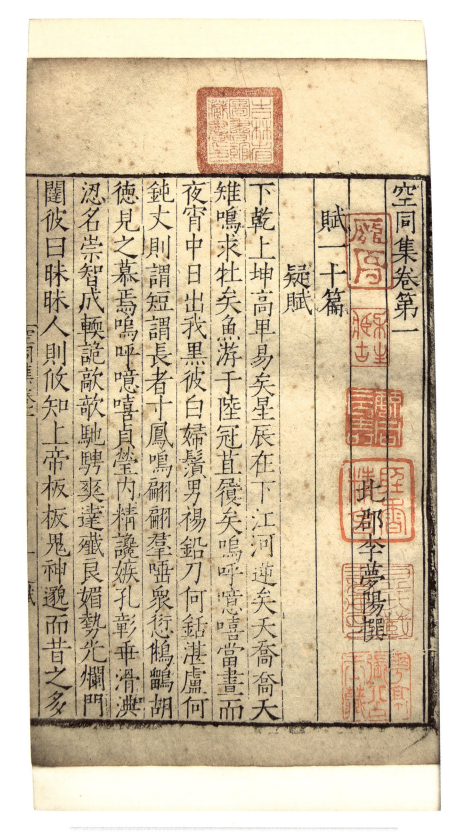

09107 空同集六十三卷 （明）李夢陽撰　明嘉靖十一年（1532）曹嘉

刻本

匡高18.4厘米，廣13.5厘米。半葉十一行，行二十字，白口，左右雙邊。吉

林省圖書館藏。

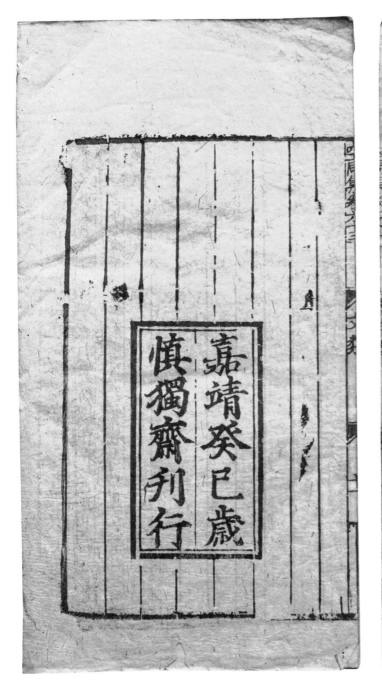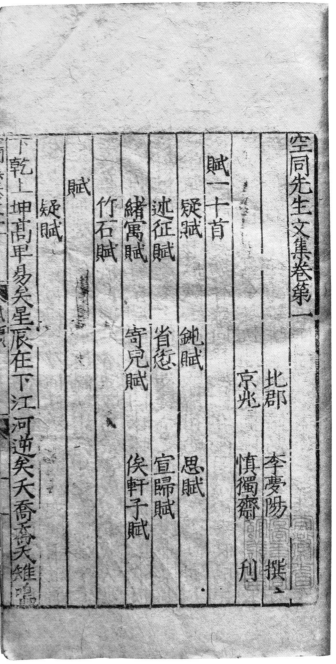

09108 空同先生文集六十三卷 （明）李夢陽撰　明嘉靖十二年（1533）

慎獨齋刻本

匡高17.7厘米，廣12.2厘米。半葉十一行，行二十二字，上白口，下細黑
口，四周單邊。有"嘉靖癸巳歲慎獨齋刊行"牌記。安徽省圖書館藏，存
四十七卷。

空同先生集卷第一

北郡李夢陽撰

賦一十首

疑賦　　鈍賦

思賦　　述征賦

省愆賦　宣歸賦

緒寓賦　寄兒賦

侯軒子賦　竹石賦

賦一十首

疑賦

乾下坤上坤高甲易矣星辰枉下江河逆矣天喬喬天

下

09109—09112　空同先生集六十三卷　（明）李夢陽撰　明嘉靖刻本

匡高19.1厘米，廣15.6厘米。半葉十一行，行二十字，白口，左右雙邊。廣
東省立中山圖書館藏，有"梁梅珍藏"、"中行獨得齋"等印；常州市圖書
館藏；湖北省圖書館藏，有"曾在張春霆處"等印；天津圖書館藏。

崆峒集卷第一

詩 四言十首

禋社

禋社紀成也今

上肇禮于社臣夢陽以戶部員外郎從而賦禋

社

元年仲春吉日維戊天子肇脩于社式對二后愶於

百辟既祗既戒其日丁巳三星彗彗

百辟至止萃於皋門三星在隅乃辟乃閣有淒其雲

有零其雨赤烏蹌蹌于壇之所

崆峒集目錄

卷第一

詩 四言

禋社　辟雍

甘露　觀牲

效五子之歌　有鷗

青青者蒲　有兔

河之楊　我行

卷第二

詩 古操歌詩

09113 **崆峒集二十一卷** （明）李夢陽撰　明沈植繁露堂刻本

匡高18厘米，廣14厘米。半葉十行，行二十字，白口，四周單邊。有"古司馬氏"、"天一閣"等印。上海社會科學院圖書館藏。

古體四首

空同詩選

河之水歌

河之水李子為其子作也以子追不及

河之流瀰瀰望父不見立河干

河水滤滤舟子撬櫓東方漸明爾不得渡

雞鳴歌

雞鳴歌者李子去江西而作者也孤舟泝江漢
而上

東方白兮雞鳴膠膠鼓予櫂兮沙之坳明星上船

空同詩選

一

09114 空同詩選一卷 （明）李夢陽撰 （明）楊慎評　明閔齊伋刻朱墨
套印本

匡高21.4厘米，廣15.3厘米。半葉九行，行十九字，白口，四周單邊。首都
圖書館藏。

爲大游賦可以垂語千載焉爾

之所營益嘗宴訪其間焉斯用亨之利也暇日叙之

維將老而神明中亮問學外廣有無之際三五宣尼

從維之王用亨于西山允明時不自立身名隨人拘

爲業士治爲學民遵爲世隨其時也易曰拘係之乃

三五肇構于其先宣尼總齊于其後君建爲極臣成

允明以宇宙之道於我而止矣渾鴻包之萬象條之

大游賦

騷賦

祝氏集畧卷第一

09115 祝氏集畧三十卷 （明）祝允明撰　明嘉靖三十六年（1557）張

景賢刻本

匡高19.5厘米，廣13.7厘米。半葉十行，行二十字，白口，左右雙邊。有

"閩中徐惟起藏書印"、"鄭杰之印"、"鄭氏注韓居珍藏記"等印。浙江

大學圖書館藏。

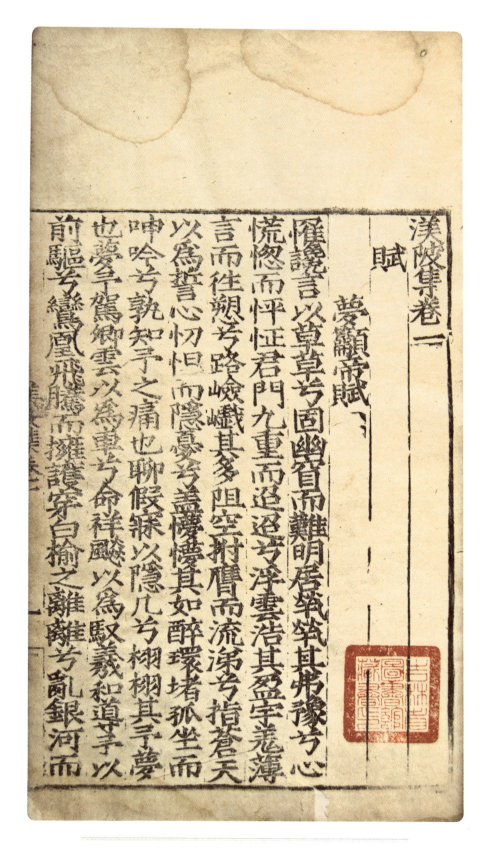

09116、09117 渼陂集十六卷 （明）王九思撰　明嘉靖十二年（1533）

王獻等刻本

匡高17.2厘米，廣12.7厘米。半葉十行，行二十一字，白口，四周單邊。吉林省圖書館、吉林大學圖書館藏。

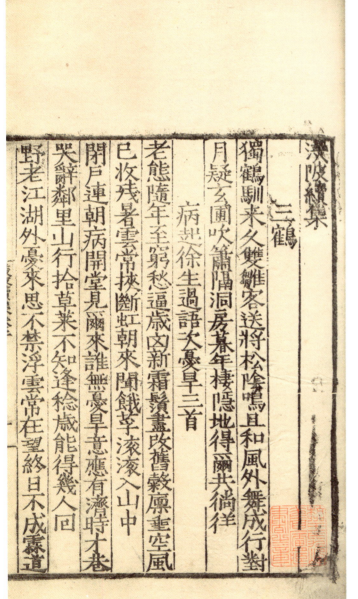

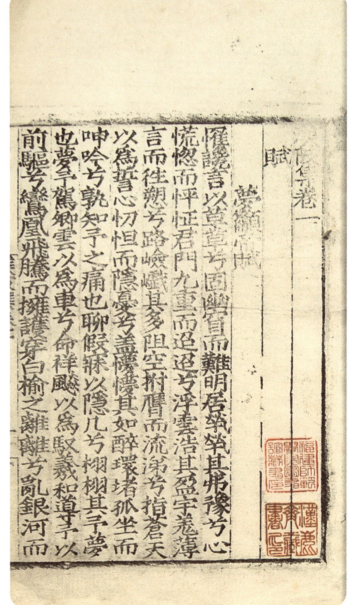

09118 渼陂集十六卷 （明）王九思撰　明嘉靖十二年（1533）王獻等刻
本 **續集三卷** （明）王九思撰　明嘉靖二十五年（1546）翁萬達刻本
匡高18.1厘米，廣13.5厘米。半葉十行，行二十一字，白口，四周單邊。福
建師範大學圖書館藏。

熊士選集

五言古詩三首

送許給事中啓裹使交趾二首

春明發軍騎合沓集川原羡人使絕域相送東郭門

君去豈徒然能令中國尊

二

邈矣南荒地于今過使君蠻王拜

帝勑草木識人文日月輿圖外應歆銅柱勳

四明范欽校刊

09119 熊士選集一卷 （明）熊卓撰 **附録一卷** 明嘉靖二十二年（1543）

范欽刻本

匡高17.5厘米，廣12.6厘米。半葉八行，行二十字，白口，四周單邊。重慶
圖書館藏。

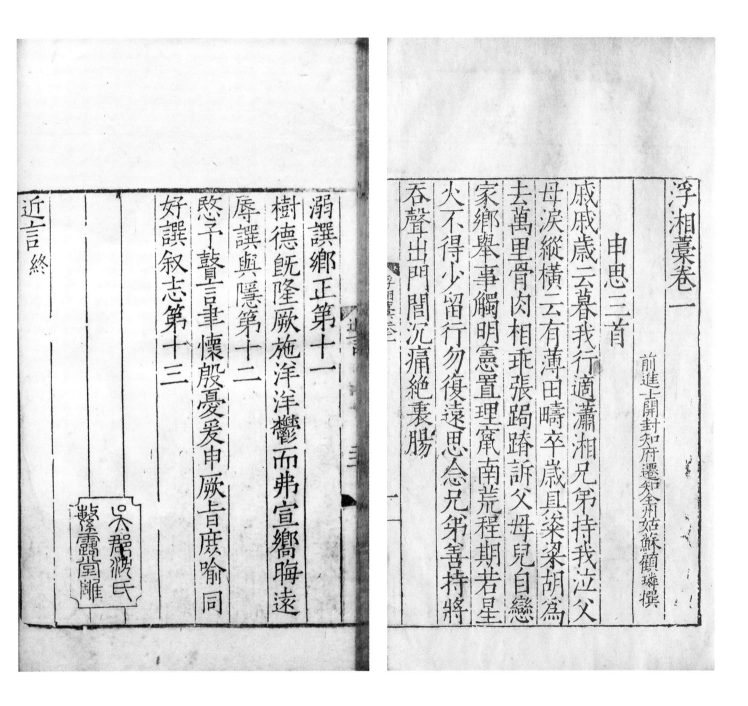

浮湘藁卷一

前進士開封知府遷知贑州姑蘇顧璘撰

申思三首

戚戚歲云暮我行適蕭湘兄弟持我泣父

母淚縱橫云有薄田疇卒歲且粢粱胡爲

去萬里骨肉相乖張跼踖訴父母兒自戀

家鄉舉事觸明憲置理窮南荒程期若星

火不得少留行勿復遠思念兄弟善持將

吞聲出門間沉痛絕衷腸

近言終

溺譔鄉正第十一

樹德旣隆厥施洋洋鬱而弗宣嚮晦遠

辱譔與隱第十二

愍予瞽言聿懷殷憂爰申厥旨庶喻同

好譔叙志第十三

吳郡沈氏
繁露堂雕

09120　浮湘藁四卷山中集四卷憑几集五卷續集二卷息園存藁十四卷又九卷緩慟集一卷

國寶新編一卷近言一卷　（明）顧璘撰　明嘉靖吳郡沈氏繁露堂刻本

匡高17.2厘米，廣14厘米。半葉九行，行十六字，白口，四周單邊。有"吳郡沈氏繁露堂雕"牌記。

重慶圖書館藏。

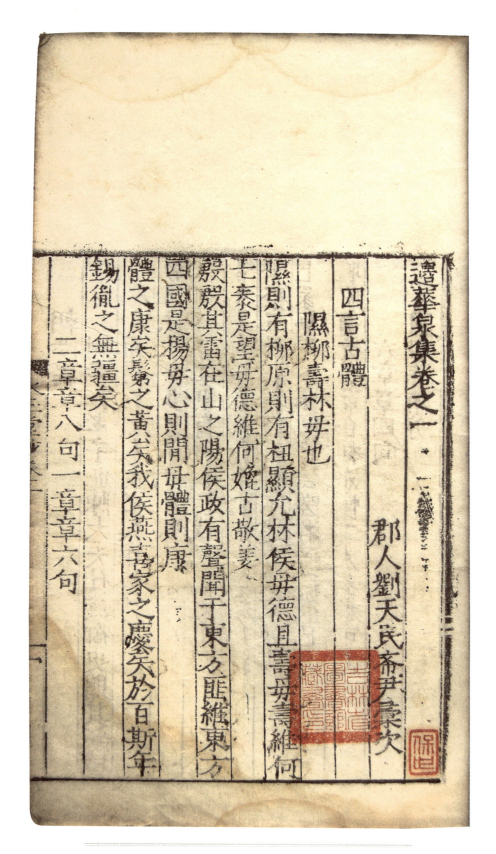

09121、09122 邊華泉集八卷 （明）邊貢撰 （明）劉天民輯 明嘉靖

十七年（1538）司馬魯瞻刻嘉靖二十三年（1544）重印本

匡高17.2厘米，廣13.5厘米。半葉十一行，行二十字，白口，左右雙邊。吉

林省圖書館藏；吉林大學圖書館藏，有“蒼巖山人書屋記”等印。

陽明先生文録卷之一

書一

始正德巳巳至庚辰

與辰中諸生

適居兩年無可與語者歸途乃得諸友何幸何幸
以爲喜又遠爾別去極快快絕學之餘求道者少
一齊衆楚最易揺奪自非豪傑鮮有卓然不變者諸
友宜相砥礪夾持務期有成近世上大夫亦有稍知求
道者皆因實德未成而先揭標榜以來世俗之謗是
以徒徍蹉跎無立反爲斯道之梗諸友宜以是爲鑒
刊落聲華務於切巳處着實用力前在寺中所云靜

09123 陽明先生文録五卷外集九卷別録十卷 （明）王守仁撰　明嘉

靖十四年（1535）閩人詮刻本

匡高19.3厘米，廣15厘米。半葉十行，行二十字，白口，左右雙邊。江西省
圖書館藏。

陽明先生文錄卷之一

書一

與辰中諸生 巳巳

始正德巳
巳至庚辰

謫居兩年無可與語者歸途乃得諸友何幸何幸方
以為喜又遽爾別去極快快也絕學之餘求道者少
一齊眾楚最易揺奪自非豪傑鮮有卓然不變者諸
友宜相砥礪夾持務期有成近世士大夫小有稍知求
道者皆因實德未成而先揭標榜以來世俗之謗是
以往往隨墮無立反為斯道之梗諸友宜以是為鑒
刊落聲華務於切巳處著實用功前在寺中所云静

09124 陽明先生文錄五卷外集九卷別錄十四卷 （明）王守仁撰　明

嘉靖二十九年（1550）閭東刻本
匡高20.2厘米，廣14.5厘米。半葉十行，行二十字，白口，左右雙邊。吉林
大學圖書館藏。

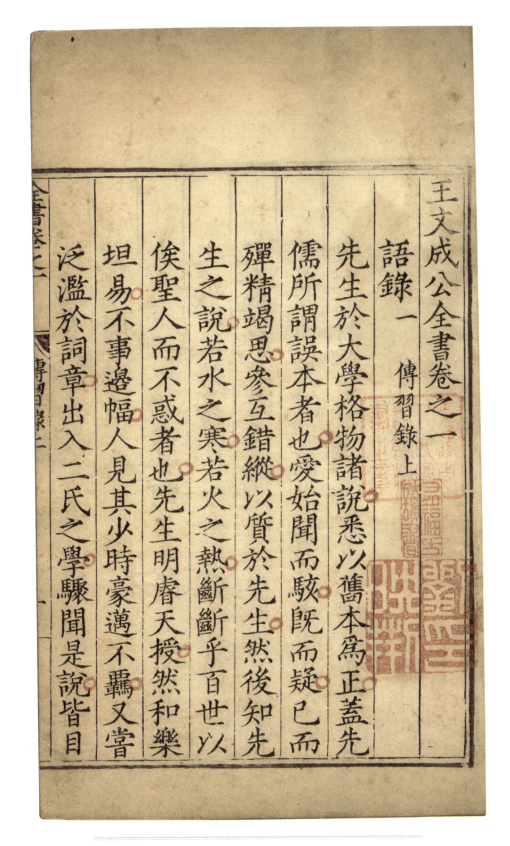

王文成公全書卷之一

語録一　傳習録上

先生於大學格物諸說悉以舊本爲正蓋先
儒所謂誤本者也愛始聞而駭既而疑已而
殫精竭思參互錯綜以質於先生然後知先
生之說若水之寒若火之熱斷斷乎百世以
俟聖人而不惑者也先生明睿天授然和樂
坦易不事邊幅人見其少時豪邁不覊又嘗
泛濫於詞章出入二氏之學驟聞是說皆目

09125　王文成公全書三十八卷　（明）王守仁撰　明隆慶六年（1572）
謝廷傑刻本

匡高19厘米，廣14厘米。半葉九行，行十九字，白口，四周雙邊。天津圖書
館藏。

陽明先生文粹卷一

雜著十三篇

大學古本序

大學之要誠意而巳矣誠意之功格物而巳矣誠意

之極止至善而巳矣止至善之則致知而巳矣正

心復其體也脩身著其用也以言乎巳謂之明德

以言乎人謂之親民以言乎天地之間則備矣是

故至善也者心之本體也動而後有不善而本體

之知未嘗不知也意者其動也物者其事也致其

本體之知而動無不善然非即其事而格之則亦

09126 陽明先生文粹十一卷 （明）王守仁撰 （明）宋儀望輯 明嘉靖

三十六年（1557）孫昭大梁書院刻本

匡高21.8厘米，廣16.5厘米。半葉十行，行二十字，黑口，四周雙邊。天津

圖書館藏。

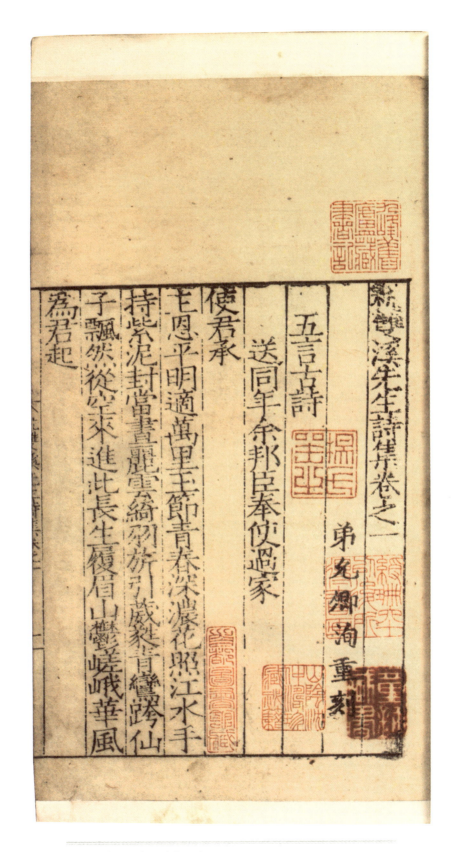

09127 杭雙溪先生詩集八卷 （明）杭淮撰　明嘉靖杭洵刻本

匡高17.1厘米，廣13.9厘米。半葉九行，行十八字，白口，左右雙邊。有
"山陰沈仲濤珍藏祕籍"、"童鈺藏書"、"綬珊六十以後所得書畫"、
"九峰舊廬藏書記"等印。首都圖書館藏。

凌谿先生集卷第一

　　　　　　　　　　寶應朱　應登　升之

賦六首

申臆賦

平蠻賦

歸來堂賦

登滕王閣賦

東岡賦

栢臺持節賦

賦

申臆賦

炳哲靈以儀圖兮靚人文之攸章逖終古以橫际

兮羞姱美之鮮雙紛總總之林府兮嗟要眇之必

兮〔夌谷真朱寫〕

09128-09130 凌谿先生集十八卷 〔明〕朱應登撰　明嘉靖刻本

匡高18.5厘米，廣14.4厘米。半葉十行，行十九字，白口，四周單邊。中山
大學圖書館、福建師範大學圖書館、陝西省圖書館藏。

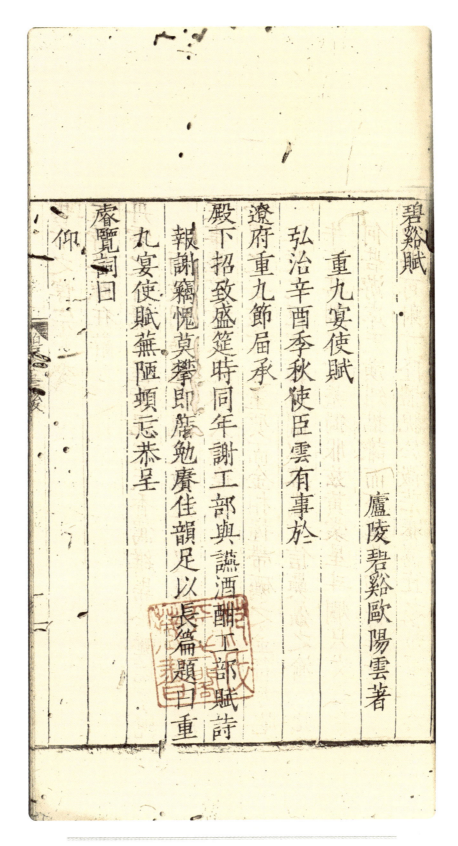

09131 碧谿賦二卷 （明）歐陽雲撰　明嘉靖二十六年（1547）陳德文刻

藍印本

匡高19.2厘米，廣14.9厘米。半葉十行，行二十字，白口，左右雙邊。寧波
市天一閣博物館藏。

括庵先生詩集

四明錢瓚廷佑著男峯輯孫鳳來次

五言古詩

嘲藥

有病總有藥無病亦無藥哲哉古昔人方寸完且確
失之非所憂得焉靡為樂今人始營營多病乃多藥

憫狙亡

山狙號靈物山菓味偏真何斯亦昧焉慕我庵中珍
縱之不肯去群犬日相親犬性固非良一怒斃其猙

09132 括庵先生詩集一卷 （明）錢瓚撰　明隆慶三年（1569）錢龍溪刻本

匡高20.3厘米，廣12.8厘米。半葉九行，行二十字，白口，四周雙邊。寧波市天一閣博物館藏。

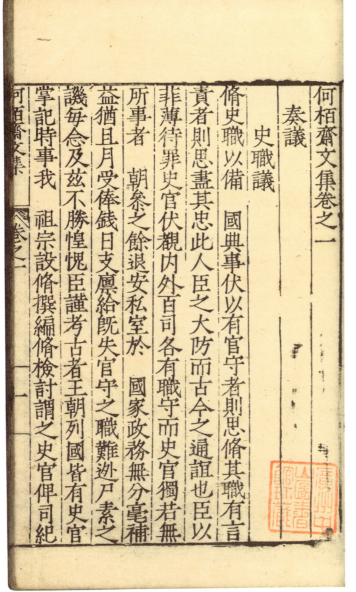

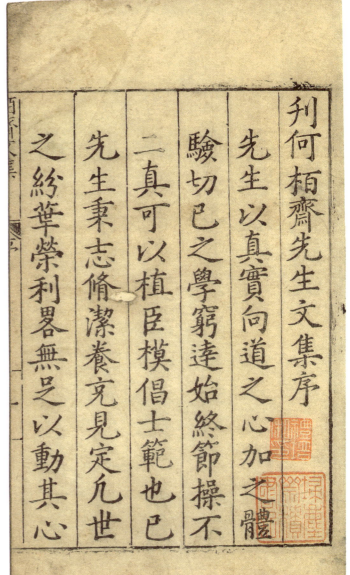

09133　何柏齋文集八卷　（明）何瑭撰　明嘉靖三十三年（1554）周鎬

刻本

匡高19.1厘米，廣13.7厘米。半葉十行，行二十二字，白口，四周單邊。有

"掃塵齋積書記"、"禮培私印"等印。廣東省立中山圖書館藏，存六卷。

水南集卷之一

騷類　　　　　　　　　　　　　德清陳霆聲伯著

封禺君防風氏有國于湖今武
封禺山其所守也

合九州兮来同走玉帛兮雷風瞻羽儀兮何紆
渺重江兮滇濛揚參旗兮拊鼓沿長波兮導蛟
舞心懷怳兮罔惕委巨軀兮九晦若有人兮山
之隅列雲旗兮駕風輿令個象兮從後戒文貙
兮先驅稟靈符兮帝所司下土兮福予美山藪
兮無疾禾叢叢兮在野歲將成兮薦几筵紛進
拜兮舞連蜷靈来降兮有儀怳三夫兮堂前鳴

09134　水南集十七卷　（明）陳霆撰　明嘉靖四十三年（1564）陳翀刻本

匡高19厘米，廣14.6厘米。半葉十行，行十八字，白口，四周雙邊。浙江大
學圖書館藏。

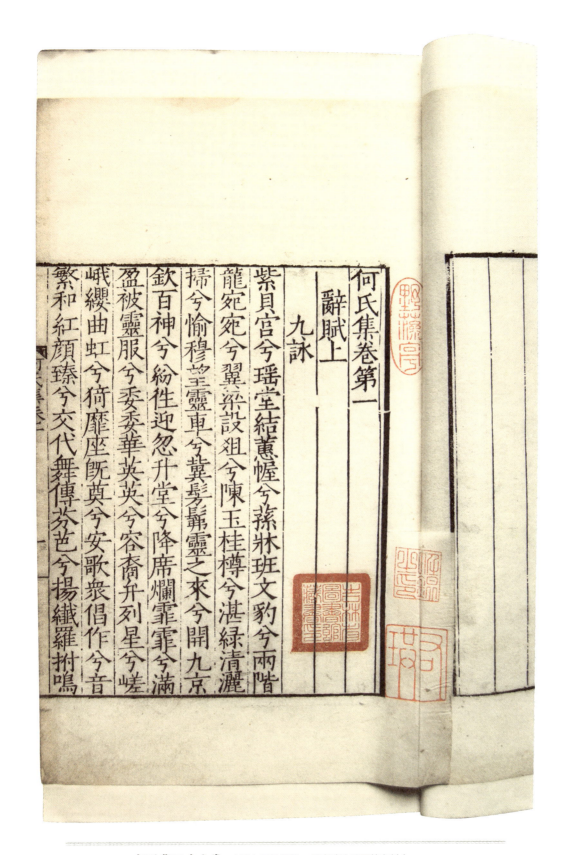

09135-09138 何氏集二十六卷 （明）何景明撰　明嘉靖沈氏野竹齋刻本

匡高16.4厘米，廣13.6厘米。半葉十行，行十八字，白口，左右雙邊。浙江大學圖書館、杭州圖書館、湖北省圖書館藏；吉林省圖書館藏，有"研易樓藏書印"、"沈氏粹芬閣所得善本書"、"古潭州袁臥雪廬收藏"等印。

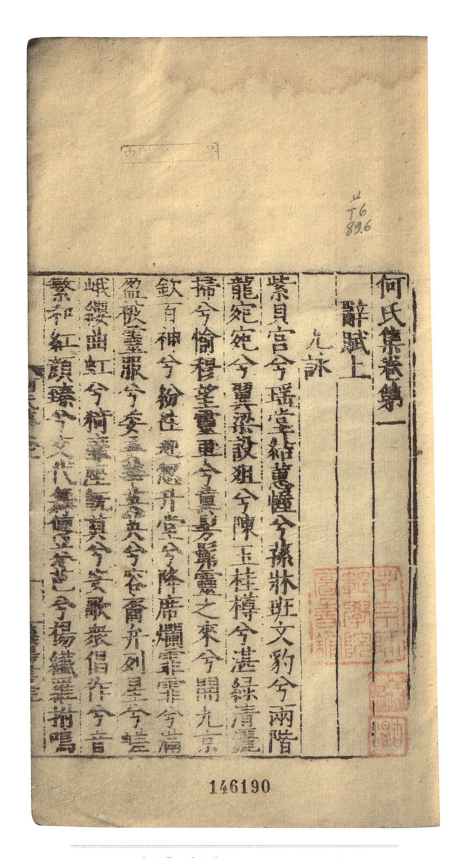

09139-09141 **何氏集二十六卷** （明）何景明撰　明嘉靖義陽書院刻本

匡高16.3厘米，廣13.5厘米。半葉十行，行十八字，白口，左右雙邊。雲南
大學圖書館、南京師範大學圖書館、首都圖書館藏。

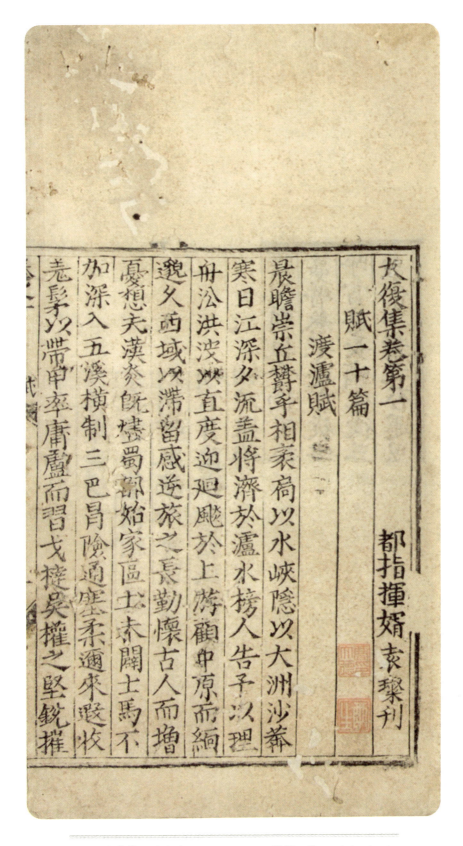

09142 大復集三十七卷 （明）何景明撰 **附録一卷** 明嘉靖三十四年

（1555）袁璨刻本

匡高16.5厘米，廣13.4厘米。半葉十行，行十八字，白口，四周雙邊。浙江
省瑞安市文物館藏。

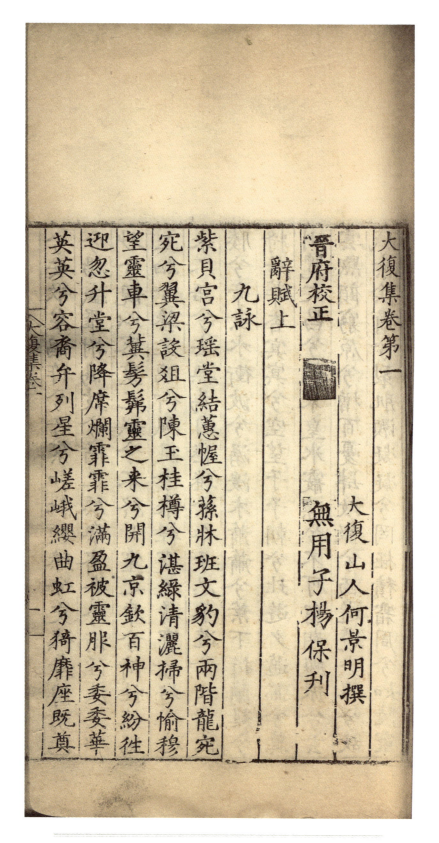

大復集卷第一

晉府校正

大復山人何景明撰

無用子楊保刊

辭賦上

九詠

紫貝宮兮瑶堂結蕙幄兮蓀牀班文豹兮兩階龍宛

宛兮翼梁設俎兮陳玉桂樽兮湛緑清灑掃兮愉穆

望靈車兮蕪髣髴靈之來兮開九京欽百神兮紛徃

迎忽升堂兮降帷席爛霏霏兮滿盈被靈服兮委華

英英兮容裔弁列星兮嵯峨纓曲虹兮猗靡座既奠

〔大復集卷一〕

09143　大復集十三卷　（明）何景明撰　明楊保刻本

匡高19厘米，廣14.1厘米。半葉十行，行二十字，白口，左右雙邊。河南省
圖書館藏。

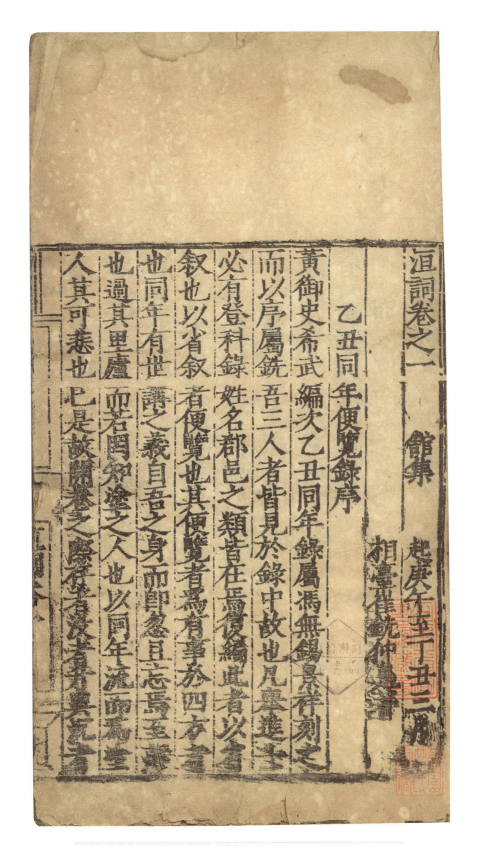

09144-09146 洹詞十二卷 （明）崔銑撰　明趙府味經堂刻本

匡高17.5厘米，廣12.8厘米。半葉十行，行二十字，上細黑口下白口，四周雙邊。江西省圖書館、河南省圖書館、湖北省博物館藏。

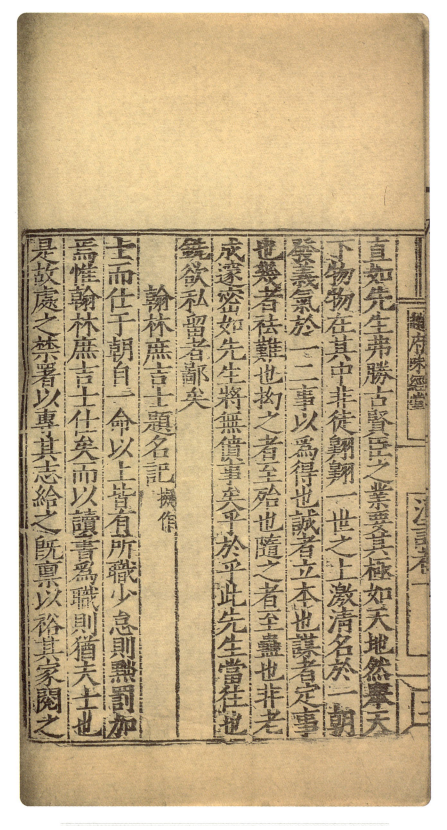

09147 洹詞十二卷 （明）崔銑撰 明趙府味經堂刻清乾隆三十六年
（1771）黃邦寧重修本
匡高17.4厘米，廣14厘米。半葉十行，行二十字，上細黑口下白口，四周雙
邊。雲南大學圖書館藏。

崔氏洹詞卷之一

序類

乙丑同年便覽錄序

黃御史希武編次乙丑同年錄屬馮無錫景祥刻之而以序屬

銑吾三人者皆見於錄中故也凡舉進士必有登科錄姓名郡

邑之類皆在焉復編此者以省叙也以省叙者便覽也其便覽

者爲有事於四方者也同年有世講之義自吾之身而卽忽且

忘焉至薄也過其里廬而若罔知塗之人也以同年流而爲塗

人其可悲也已是故開卷之際存者没者升與沉者感其所遇

之異而吾則無異視也率吾黨而敦友道者必是錄矣夫友道

有二焉禮也義也其情篤者其禮完其分深者其義重禮不完

09148、09149 崔氏洹詞十七卷附錄四卷 （明）崔銑撰　明嘉靖三十三

年（1554）周鎬等刻本

匡高19.5厘米，廣13.6厘米。半葉十一行，行二十四字，白口，四周單邊。

甘肅省圖書館、浙江大學圖書館藏。

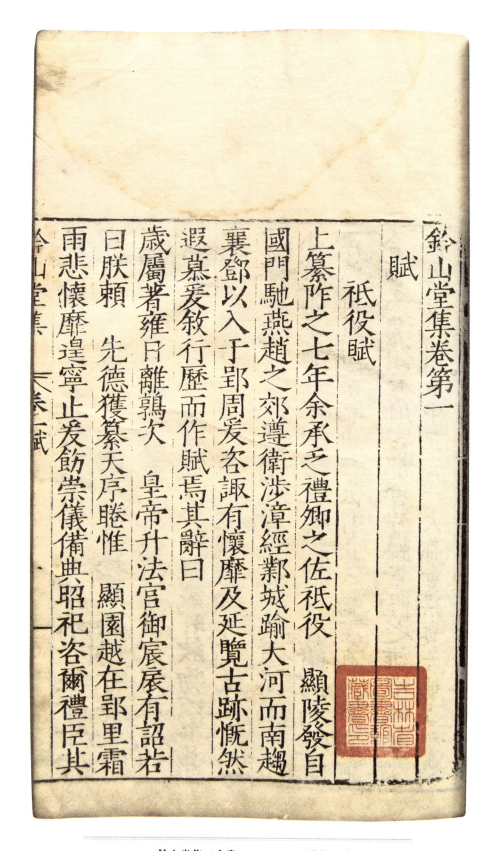

鈐山堂集卷第一

賦

祇役賦

上纂阼之七年余承乏禮卿之佐祇役

國門馳燕趙之郊遵衛涉漳經鄴城踰大河而南趨

襄鄧以入于郢周爰咨有懷靡及延覽古跡慨然

遐慕爰敘行歷而作賦焉其辭曰

歲屬者雒日離鶉次　皇帝升法宫御宸展有詔若

曰朕賴　先德獲纂天序睠惟　顯園越在郢里霜

雨悲懷靡遑寧止爰飭崇儀備典昭祀咨爾禮臣其

鈐山堂集

顯陵發自

09150、09151 鈐山堂集四十卷 （明）嚴嵩撰　**附録一卷**　明嘉靖刻本

匡高18.5厘米，廣14厘米。半葉十行，行二十字，白口，左右雙邊。吉林省
圖書館、江西省圖書館藏。

鈐山堂集卷第一

詩翰苑稿

鷺沙孫偉

升菴楊慎評點

雪霽登鈐山

千峯積瑤素寰宇映空明仙人好赤腳獨蹋層
冰行疊石疑瓊島高樓思玉京勁風仍振木朗
月巳輝城永夜山中宿山泉松澗鳴 欲活神爽

鈐山堂集 卷二詩 一

飛越

09152 鈐山堂集二十卷 （明）嚴嵩撰 （明）孫偉 楊慎評點 明嘉靖刻本

匡高20.5厘米，廣15厘米。半葉九行，行十八字，白口，左右雙邊。南京市博物館藏。

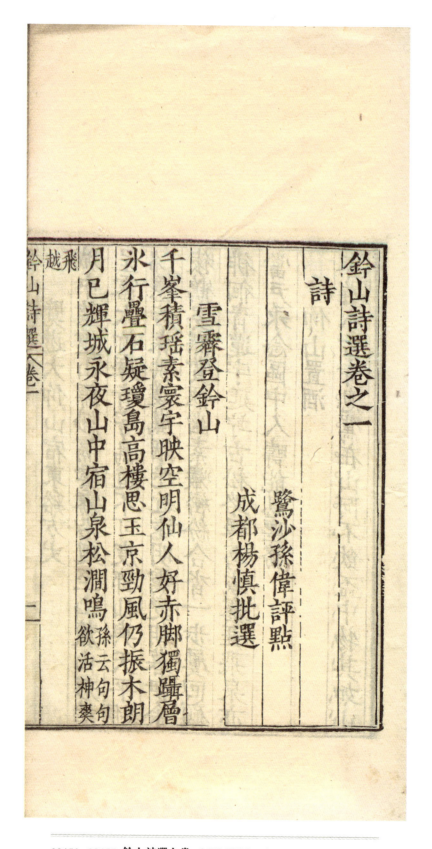

09153-09155 **鈐山詩選七卷** 〔明〕嚴嵩撰 〔明〕楊慎輯 明嘉靖刻本

匡高17.9厘米，廣13.3厘米。半葉九行，行十八字，白口，四周雙邊。浙江大學圖書館、杭州圖書館、山東省博物館藏。

儼山文集卷一

賦五首

瑞麥賦

僕閒居田野多見瑞麥兩岐三岐至五六岐

彼九岐者得於傳聞殆未之見云實有之感

茲休禎造賦一篇有頌有美有風有刺義主

勸戒附於古詩人之諷諫雖不足以希蹤相

如子雲庶東京之流亞也示我同志靡得而

布焉

門生黃標校編

天子正德五祀孟月維夏知知子瘍發下體更朔新

09156—09158 儼山文集一百卷目録二卷外集四十卷續集十卷

（明）陸深撰　明嘉靖二十五年（1546）、三十年（1551）陸楫刻本

匡高18.3厘米，廣13.5厘米。半葉十行，行二十字，白口，左右雙邊。吉林
省圖書館藏，續集十卷補配；浙江大學圖書館藏，存一百二卷；福建師範大
學圖書館藏，儼山文集前序目抄配，存一百十二卷。

莊渠先生遺書卷之一

奏疏

　講詳郊祀大禮疏　蘇州府知府太原王道行校刻崑山縣知縣清河張焯同梓門人歸有光編次

　提督四夷舘太常寺卿臣魏校謹

　奏為昧死應

詔陳言講詳郊祀大禮事臣聞禮惟聖人為能饗帝惟

孝子為能饗親祭非物自外至者也自中出生於

心者也心惕而奉之以禮昔我

太祖高皇帝祀

天圜丘祀

09159 莊渠先生遺書十六卷 （明）魏校撰　明嘉靖四十年（1561）王
道行、張焯刻本
匡高18.9厘米，廣13.3厘米。半葉十行，行二十一字，白口，左右雙邊。浙
江大學圖書館藏。

玉巖先生文集卷第一

辟吉水縣治 拜署稿

舟發文江浪不驚一天風雨正開晴中流自在揚帆去

此日相看弛擔輕在臣矢無私半點到家喜有鶴雙清

鳳池春色千門曉應爲吾民達隱情

過下邳

江天曉放晴狼藉弱雲輕積雪寒猶壯森深草未青孤

邱流水遠獨烏去邊明烽火中原急城笳處處鳴

宮詞二首

碧窗開傍杏花枝春日融融向午遲獨倚闌干看雙蝶

少司寇玉巖周公遺像

09160 玉巖先生文集九卷（明）周廣撰 **附錄一卷**　明嘉靖三十七年

（1558）杏華書屋刻清乾隆九年（1744）周挺重修本

匡高19.7厘米，廣13.7厘米。半葉十行，行二十一字，白口，左右雙邊。有

“嘉靖戊午冬刻梓于杏華書屋”牌記。重慶圖書館藏。

張文定公文選卷之一

應制題

表一道

恭上

皇天上帝泰號冊表

嘉靖十七年十月　日臣　御名　誠惶誠恐稽首頓

首上言伏以

秩文軏世禮莫先於定名昭德象功名莫大於尊

帝樂康熙於

純祐式展豐儀揆

09161 張文定公文選三十九卷 （明）張邦奇撰　明嘉靖二十九年（1550）

張時徹刻本

匡高20.1厘米，廣14.8厘米。半葉十行，行二十一字，白口，四周雙邊。有
"吳興劉氏嘉業堂藏書記"等印。浙江大學圖書館藏。

孟有涯集卷之一

信陽孟洋著

四言古詩一首

鄉雲开序

正德癸酉歲大熟異蓮嘉穀並出是時
審君伯東為信陽兵備有美政人皆以
為所致祥也遂歌鄉雲二章
鄉雲載興非霧非烟公侯出遊駟馬閒閒何
以往矣于彼中塘芙蓉英英一蓮雙房澤無

刻孟有涯集序

杜柟曰嗚呼此孟有涯手藁也有涯名洋字
望之登弘治乙丑進士歷官南京大理寺卿
事詳傳誌揖館之明年我浚川王公收輯是
録釐為若干卷語諸柟曰孟有涯所為文皆
依稀古人後必傳吾子序之柟曰嘻昔癸未
八月柟以外艱山居有涯過我談藝文信宿
而去其高懷貞義有如此者今特見其藁耳
尚忍序之哉序曰有涯頁奇氣明達不群常

09162 **孟有涯集十七卷** （明）孟洋撰　明嘉靖十七年（1538）王廷相、
徐九皋刻本

匡高20.2厘米，廣13.5厘米。半葉九行，行十七字，白口，四周雙邊。有
"九峰舊廬珍藏書畫之記"、"綏珊六十以後所得書畫"等印。重慶圖書
館藏。

太白山人詩卷之一

五言古詩

雜感八首

白日下悲泉瑟瑟寒風鳴群芳悴中野豈不

懷孤英冥運有興没主者亦何情揭來南榮

趑遝當抱此生

棘崗生廣庭出入良嶮巇嶽鷙鷙不退顧崑崙

安可期偏側居人世感此末歲悲去去勿復

道悠悠祇自知

太古固無言有言淳朴喪詩書已失眞龍馬

詩集一

09163 太白山人詩五卷 （明）孫一元撰　**附録一卷**　明嘉靖刻本

匡高19.6厘米，廣13.6厘米。半葉十行，行十七字，白口，左右雙邊。天津
圖書館藏。

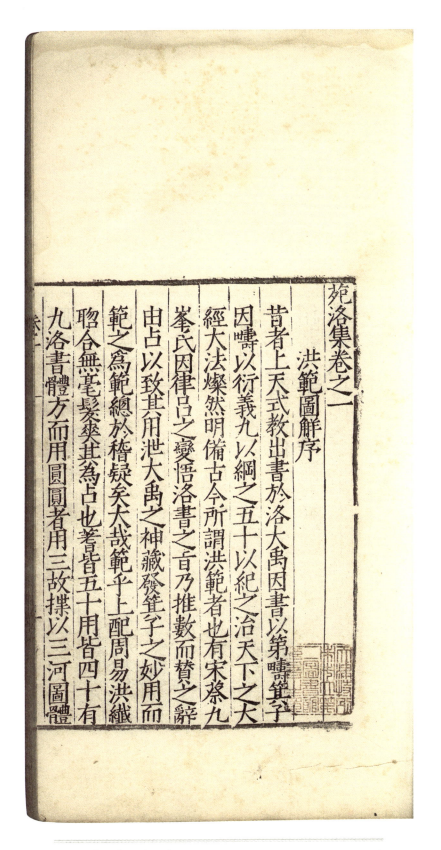

09164 苑洛集二十二卷 （明）韓邦奇撰　明嘉靖三十一年（1552）刻本

匡高17.8厘米，廣12.5厘米。半葉十行，行二十字，白口，四周單邊。天津
圖書館藏。

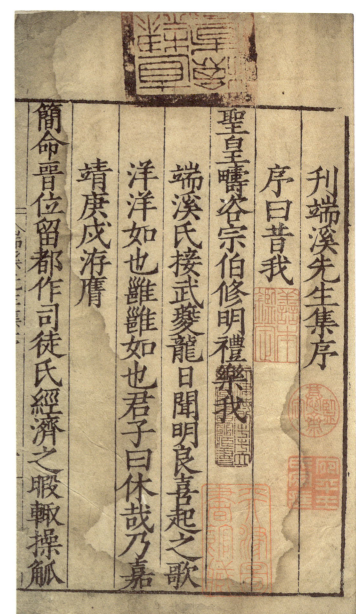

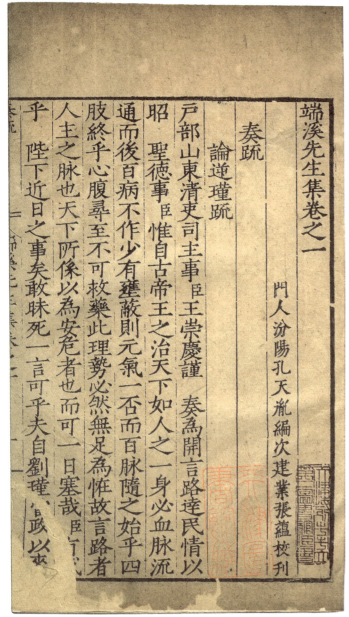

09165 端溪先生集八卷 〔明〕王崇慶撰　明嘉靖三十一年（1552）張蘊

刻本

匡高20厘米，廣13.5厘米。半葉十行，行二十四字，白口，四周單邊。有

"慕齋鑒定"、"宛平王氏家藏"等印。天津圖書館藏。

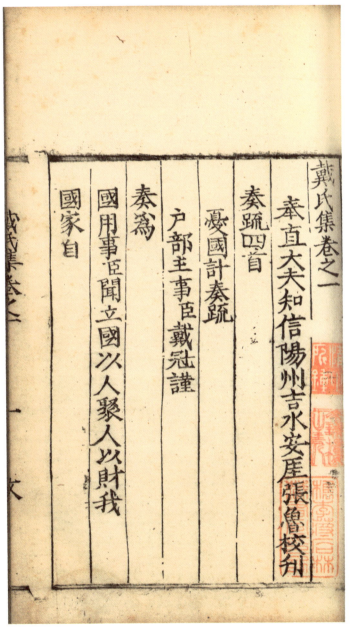

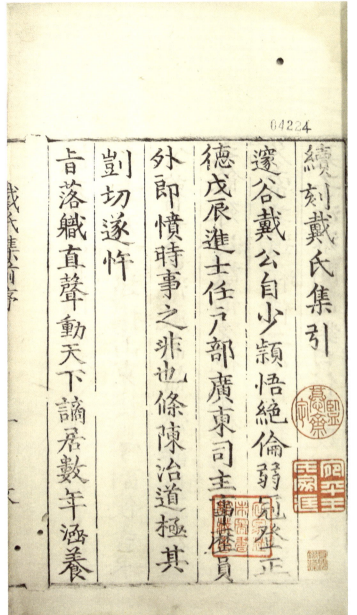

09166、09167 戴氏集十二卷 （明）戴冠撰　明嘉靖二十七年（1548）

張魯刻本

匡高17.7厘米，廣12.6厘米。半葉八行，行十八字，白口，四周單邊。河南省圖書館藏；石家莊市圖書館藏，有"慕齋鑒定"、"宛平王氏家藏"等印。

可泉辛巳集卷之一 　子集總三十三

門人祁門吳廷亮皖陳國編

國子生江陰徐中孚男礽校

賦一首

西征賦

古詩四首十五章

芝三章　　莆有山四章

翩五章　　眉山三章

樂府十三首

遺珠吟贈魏處士　瞻雲行贈李生

公無渡河　　勸逆賦贈楊參將

臨泉集卷之一　　　一

09168 可泉辛巳集十二卷 （明）胡纘宗撰　明嘉靖刻本

匡高17.2厘米，廣13.9厘米。半葉十一行，行二十字，白口，左右雙邊。保定市圖書館藏。

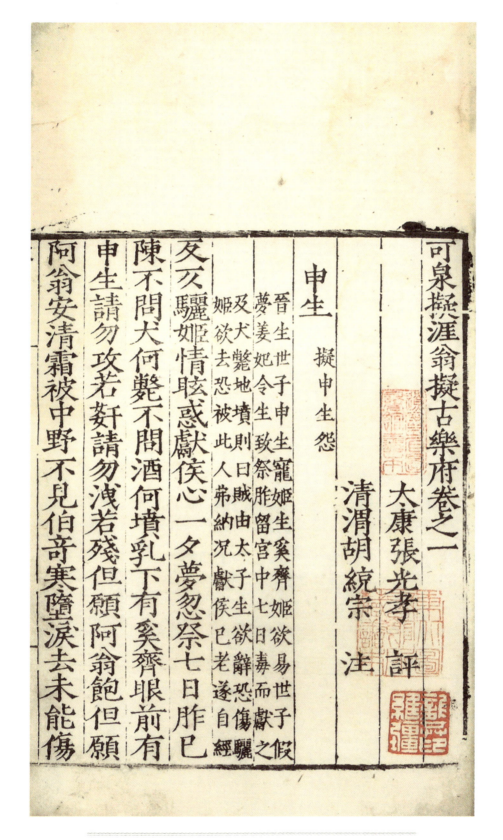

09169 可泉擬涯翁擬古樂府二卷 （明）胡纘宗撰 （明）胡統宗注 （明）

張光孝評 明嘉靖三十六年（1557）汪瀚刻本

匡高17厘米，廣14.3厘米。半葉十行，行十九字，小字雙行同，白口，四周
單邊。遼寧省圖書館藏。

東塘集卷之二

吉永 毛 伯温 著

七言古詩六十七

鄭氏二節婦

從一而終女之義阿姑倡矣婦能繼姑心如石弗可
轉婦心如玉寧可纇蒼天胡爲降割頻欲令二婦
天倫紛紛有節棄不慕生死泊沒徒風塵君不見鄭
氏墓頭雙栢樹霜雪不變凌寒臭

梅花詞贈諶節推

孤芳歲暮足標格肯隨桃李競春色儵然獨立羅浮

09170 東塘集十卷 （明）毛伯温撰 明嘉靖十九年（1540）王儀刻本

匡高19.6厘米，廣14.4厘米。半葉十行，行二十字，白口，左右雙邊。江西
省圖書館藏，存九卷。

歐陽恭簡公遺集卷之一

記

因成堂記

願治堂左屋三間始爲儲書房後以延賓致壁記成
化巳亥三原王公恕以兵部尚書兼左副都御史來
撫南畿始定治會同舘明年撤廢便民倉作公廨是
屋高丈有二尺柱多半續之盖又取諸廢材之餘者
歲久蠹餒中科類蜂房叩之逢逢有聲塗而加堊以
相蒙每大風隱隱動搖予虞其折也議改作頎金三
百兩未及舉是歲七月江寧知縣楊京取茂恩寺木

09171 歐陽恭簡公遺集二十二卷 （明）歐陽鐸撰 明嘉靖刻本

匡高19厘米，廣13.5厘米。半葉十行，行二十字，白口，四周單邊。天津圖
書館藏。

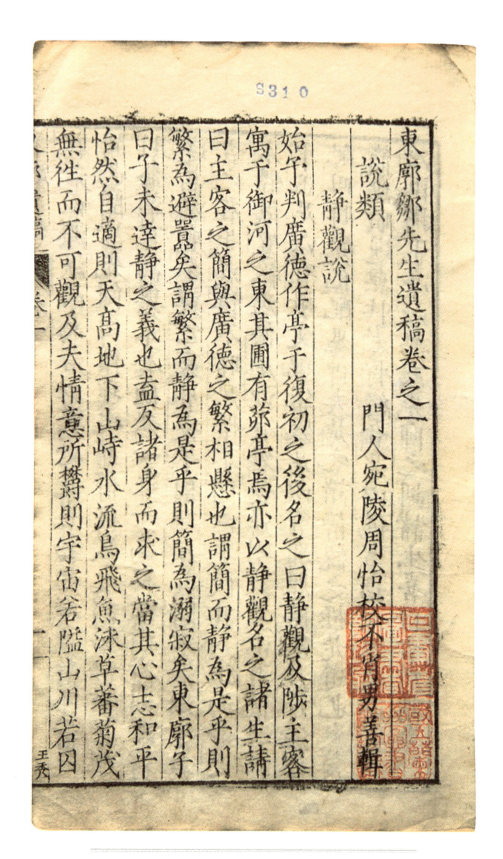

09172 東廓鄒先生遺稿十一卷 （明）鄒守益撰　明刻本

匡高20.5厘米，廣12.4厘米。半葉十行，行二十一字，白口，四周單邊。甘肅省圖書館藏。

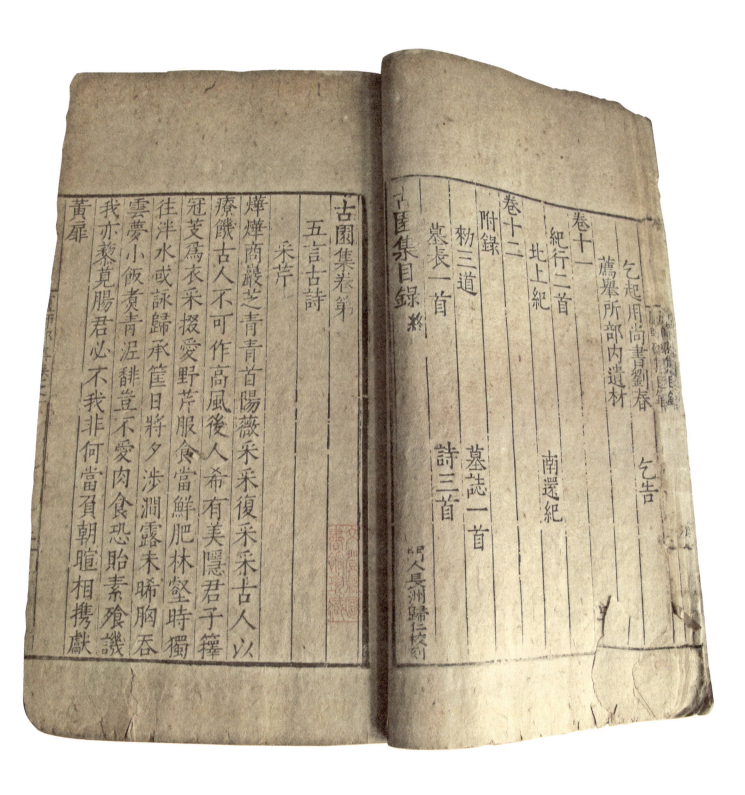

古園集目録終

卷十二
　附録
　　勅三道
　　墓長一首

卷十一
　紀行二首
　北上紀

乞起用尚書劉春
薦舉所部内遺材　乞告

南還紀

墓誌一首

詩三首

明人長洲歸仁校刻

古園集卷第一
五言古詩
采芹
燁燁商巖芝青青百陽薇采采復采采古人以
療饑古人不可作高風後人希有美隱君子籜
冠芝爲衣采掇愛野芹服食當鮮肥林壑時獨
往泮水或詠歸承筐日將夕涉澗露未晞胸呑
雲夢小飯賫青泥菲菖不愛肉食恐貽素殮譏
我亦藜莧葸腸君必不我非何當賀朝暾相攜獻
黃扉

09173 古園集十二卷 （明）盧雍撰 明歸仁刻本

匡高18厘米，廣12.5厘米。半葉十行，行十八字，白口，左右雙邊。山東省
文登市圖書館藏。

—— 287 ——

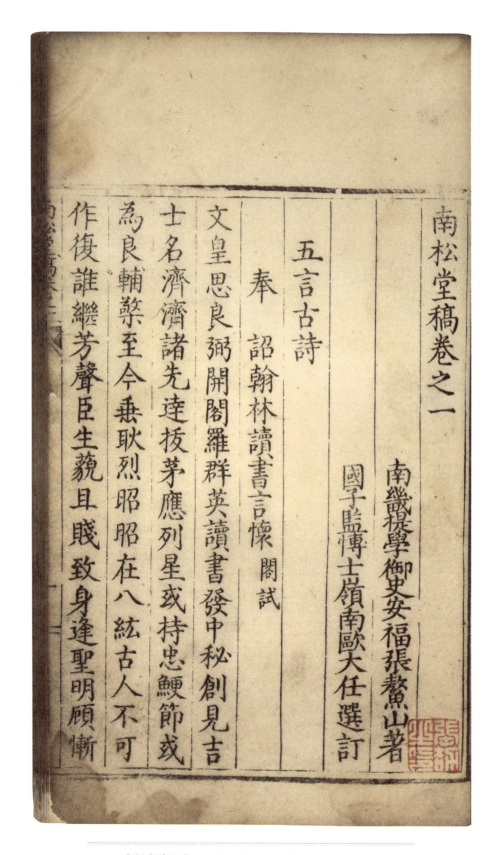

09174 南松堂稿七卷 （明）張鰲山撰　明萬曆四年（1576）張程刻本

匡高20.2厘米，廣15.2厘米。半葉九行，行十八字，白口，四周雙邊。江西
省圖書館藏。

薛西原集

乙亥

遊郭西清河作

初服性已愜　父烱志仍激
覺謂傷留滯　雅意在樓
運車來減候　螽養茲心賞
時蘭野麗新陽　芳林扇
輕颸宵駕高闈卌　晨榜清川淨白雲帶　逶渚綠水
激層匯外感其目超內　率神蘊披泛濫滄洲趣迥
遮丹丘期揆已信薄物遭　特易磷緇來復難不遠
往塞豈能追孟晉終何論　罷歸聊所且人生貴自
適詠言申此辭

09175　薛西原集二卷　（明）薛蕙撰　明嘉靖十四年（1535）李宗樞刻本
匡高19厘米，廣13.6厘米。半葉十行，行二十字，白口，四周單邊。浙江大學圖書館藏。

嵩渚文集卷之

賦一 八首

　　　　大梁　李濂　川父

夷門賦 有序

按太史公曰吾過大梁之墟求問其所謂
夷門夷門者城之東門也屬尋訪之乃往
安遠門之東夷山之上夫安遠門者城之
北門也戰國距今垂二千年城郭凡幾更
變無惑乎聞見之異也寤寐豪賢風烈如
在懷古作賦寧容已乎賦曰

09176　嵩渚文集一百卷目録二卷　〔明〕李濂撰　明嘉靖刻本

匡高17.6厘米，廣13.5厘米。半葉十行，行二十字，白口，四周單邊。浙江
大學圖書館藏。

明水陳先生文集卷之一而卷目

簡霍渭厓宗伯

書

川自戌海以來簡廢世事道誼故人如執事者亦缺修問爲罪多矣
近附到執事常山書捧讀數過辱念及先親情誼萬如晋肉感激遊
下海内相知孰有不遜遺如執事之德之盛者哉川自念亦素有志

門人爲董君和編梓

郡人董廷蘭參

後學程湘寬校正

建陽縣丞包大中同校

十九

09177 明水陳先生文集十四卷 （明）陳九川撰　清抄本

半葉十行，行二十七字。江西省圖書館藏。

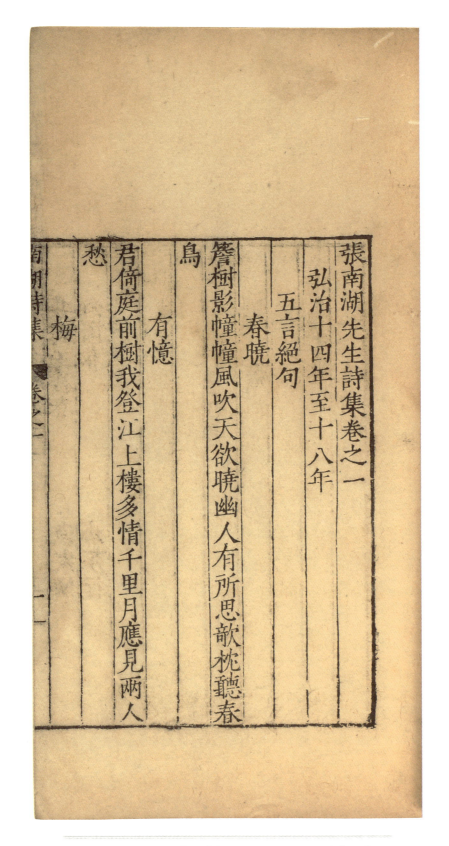

張南湖先生詩集卷之一

弘治十四年至十八年

五言絕句

春曉

簷樹影幢幢風吹天欲曉幽人有所思欹枕聽春鳥

有憶

君倚庭前樹我登江上樓多情千里月應見兩人愁

梅

09178、09179 張南湖先生詩集四卷 （明）張綖撰　**附録一卷**　明

嘉靖三十二年（1553）張守中刻本

匡高18.3厘米，廣13.3厘米。半葉十行，行十九字，白口，四周單邊。雲南
大學圖書館藏，存四卷；浙江大學圖書館藏，存二卷。

舒梓溪先生集卷之一

明翰林院修撰贛舒芬著按察司副使萬虞愷校門人熊杰輯

制策類

皇帝制曰朕惟羲農以下之事見於經秦漢以來之

事見於史見於經者皆聖賢為治之迹見於史者

亦當時君臣相與隨時而成治者也然儒先君子

之論則曰帝王以道治天下後世只以法把持之

而已信斯言也豈帝王之治一以道而不以法後

世之治一以法而不以道歟自今觀之如畫野分

州設官分職明禮樂興學校正律曆秩祭祀均田

09180 舒梓溪先生集十卷 〔明〕舒芬撰 明嘉靖三十二年（1553）萬

虞愷等刻本

匡高19.3厘米，廣13.8厘米。半葉十行，行二十字，白口，四周單邊。江蘇

省常熟市圖書館藏。

崔東洲集卷之一　　　　　　　　　維揚崔桐撰

五言古詩四十二首

七子敘別

三年相契托白日共雲霄清時重民社六子謝詞垣

川塗念異轍欲別且攀轅張鑾美清夜涼吹徹煽煩

高梧下白露城月澹東軒招邀德星聚命酌聆緒言

形忘合爾我眷戀如弟昆開情暫絲竹芳薦旅蘭蓀

烈烈丈夫氣豈斷兒女魂梓溪抱忠赤矢報天地恩

青湖不愁思自愛牧守尊漫山轉昭曠壯志凌崑崙

09181 崔東洲集二十卷 （明）崔桐撰　明嘉靖二十九年（1550）曹金刻本

匡高18.5厘米，廣13.9厘米。半葉十行，行二十字，白口，左右雙邊。有"安樂堂藏書記"、"明善堂覽書畫印記"、"研易樓藏書印"、"沈氏粹芬閣所得善本書"等印。吉林大學圖書館藏。

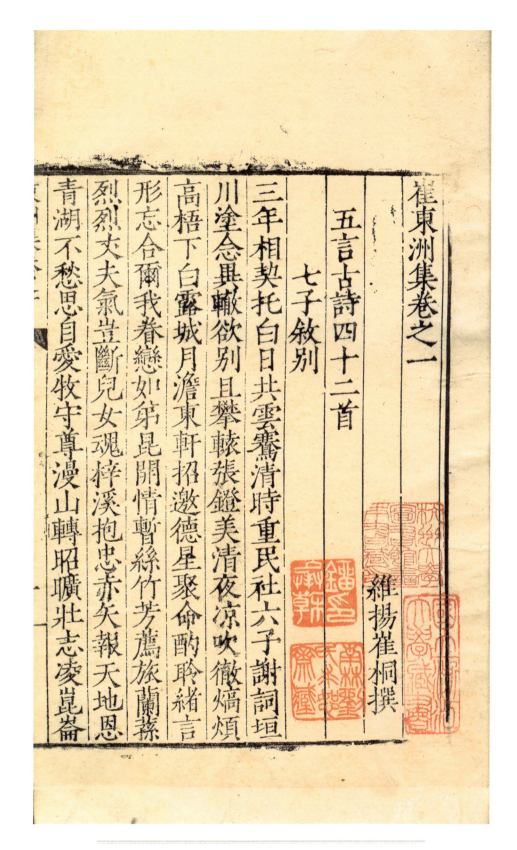

崔東洲集卷之一

維揚崔桐撰

五言古詩四十二首

七子敘別

三年相契托白日共雲霄清時重民社六子謝詞垣
川塗念異轍欲別且攀轅張鑑美清夜凉吹徹爝煩
高梧下白露城月澹東軒招邀德星聚命酌聆緒言
形志合爾我養戀如弟昆關情暫絲竹芳蘼旅蘭蓀
烈烈丈夫氣豈斷兒女魂梓溪抱忠赤矢報天地恩
青湖不愁思自愛牧守尊漫山轉昭曠壯志凌崑崙

09182　崔東洲集二十卷續集十一卷　（明）崔桐撰　明嘉靖二十九年
（1550）曹金刻續集三十四年（1555）周希哲刻本
匡高18.8厘米，廣13.9厘米。半葉十行，行二十字，白口，左右雙邊。有
"南林劉氏求恕齋藏"、"鎦印承斡"等印。浙江大學圖書館藏。

夢澤集卷之一

黄岡王廷陳撰

詩

將進酒

丁福運際昌期歌太平聖無爲坐明堂奏咸池酌醴
泉餐靈芝壽萬年天與齊一縣諫鼓燔刑書微能録
小過除吏廉明民安居三年耕必有一年之餘絕爭
訟無嗟吁解新不間舊愚人不妬賢人不習佞朝不信
讒番官不作和氣充然壯士服疇隴却走馬以蓋其
田不聞父哭子道逢多華顚皇心大悅日彈五絃解三

09183 夢澤集十七卷 （明）王廷陳撰 明嘉靖四十一年（1562）王廷瞻
刻本
匡高20.1厘米，廣14.1厘米。半葉十行，行二十字，白口，四周單邊。有
"瑞安孫仲容珍藏書畫文籍印"、"王松廬圖書印"等印。浙江大學圖書
館藏。

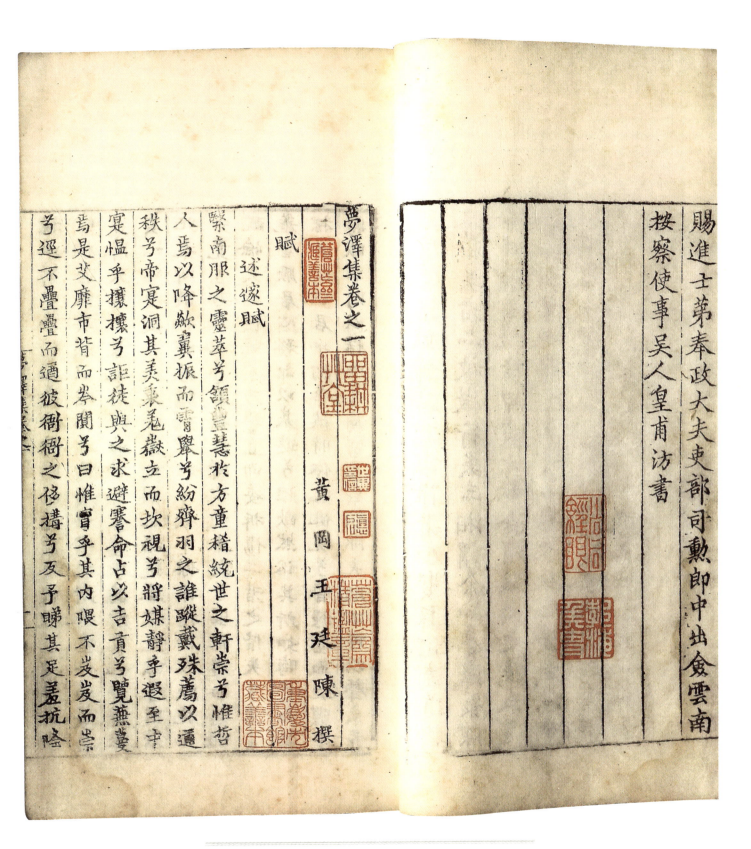

09184 夢澤集十七卷 （明）王廷陳撰　明嘉靖四十四年（1565）王同道

吳中刻本

匡高20.4厘米，廣13.5厘米。半葉十行，行二十二字，白口，四周單邊。有
"蒼茫齋精鑑章"、"世異印信"、"留耕草堂"、"尚同經眼"、"蒼茫
齋藏善本"、"蒼茫齋收藏精本"等印。重慶圖書館藏。

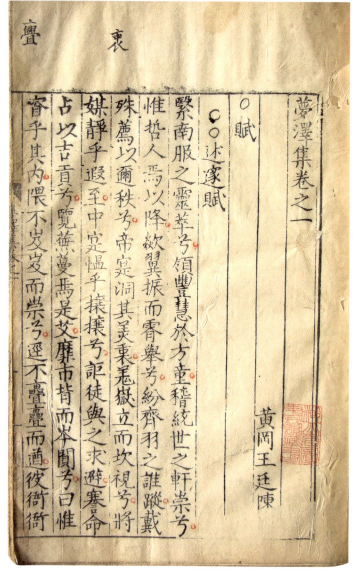

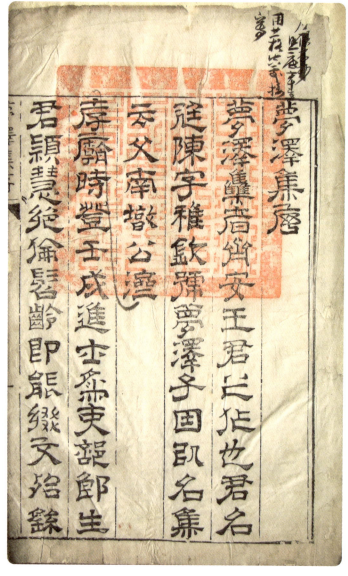

09185 夢澤集二十三卷 （明）王廷陳撰　明萬曆十八年（1590）王追

伊刻三十年（1602）王追淳增修本

匡高20厘米，廣14.3厘米。半葉十行，行二十字，白口，左右雙邊。有"翰

林院印"等印。湖北省圖書館藏。

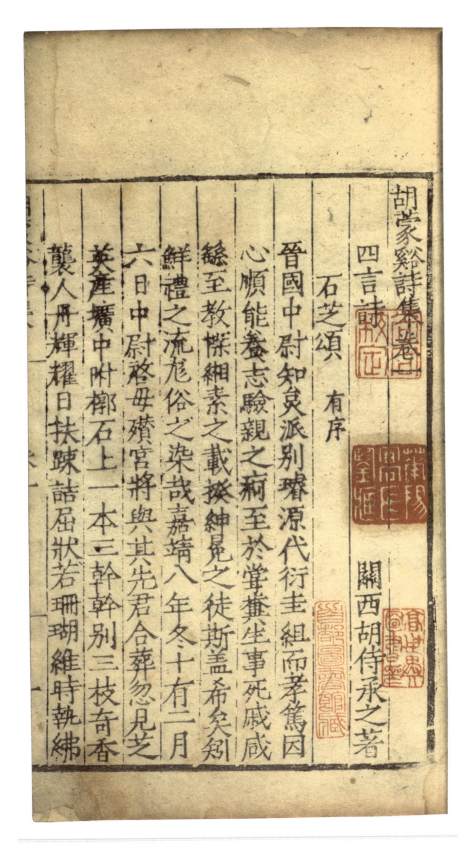

09186 胡蒙谿詩集十一卷文集四卷胡蒙谿續集六卷 （明）胡侍撰 明嘉靖二十四年（1545）

刻三十一年（1552）張鐸續刻本

匡高19.2厘米，廣13.6厘米。半葉十行，行二十字，白口，四周單邊。有"莆陽國士藏書"、"尚同經眼"、"蒼茫齋收藏精本"、"高世異圖書印"、"莆陽高氏鑒藏"、"尚同校定"、"華陽國士"、"蒼茫齋高氏藏書記"等印。首都圖書館藏。

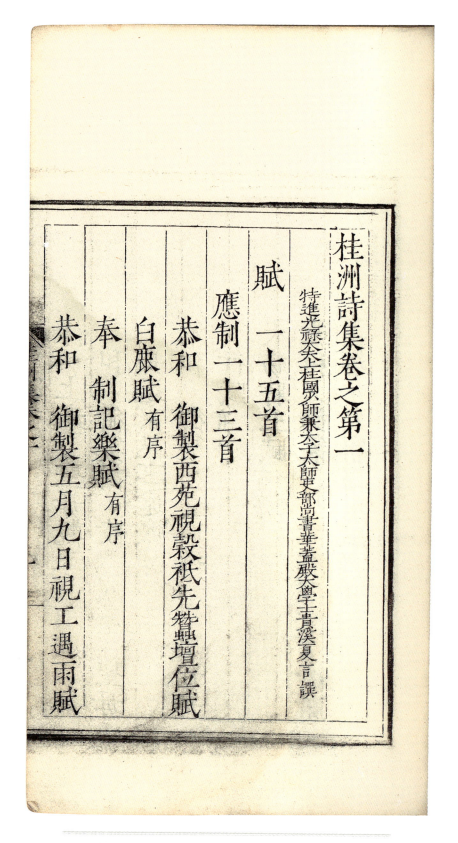

09187 桂洲詩集二十四卷 （明）夏言撰　明嘉靖二十五年（1546）曹

忭、楊九澤刻本

匡高14.5厘米，廣13.8厘米。半葉八行，行十七字，白口，四周雙邊。紹興

圖書館藏，存二十一卷。

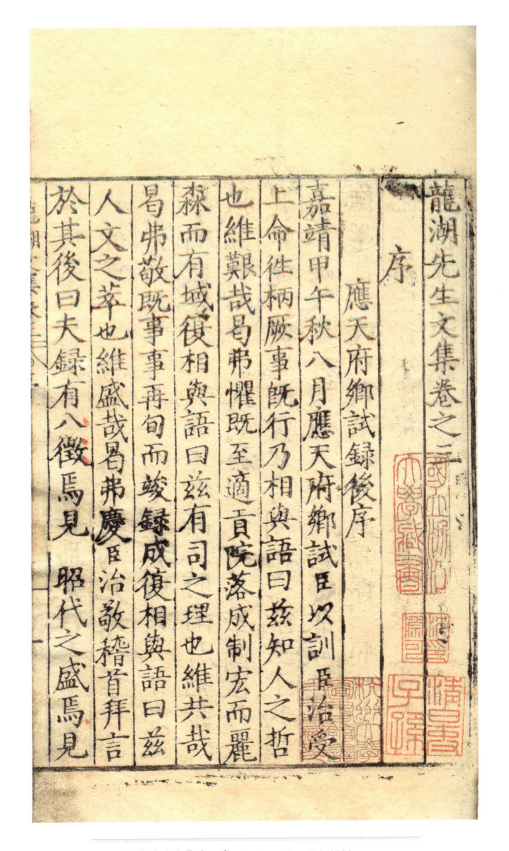

09188 龍湖先生文集十四卷 （明）張治撰　明嘉靖刻本

匡高19厘米，廣14.6厘米。半葉十行，行十八字，白口，左右雙邊。浙江大學圖書館藏，存十一卷。

張水南文集卷一

明通議大夫太常寺卿掌國子祭酒事前翰林院侍讀奉勅上汪張袞撰

賦

麥穗兩岐賦 有序

潞縣令楊麒字仁甫江西之上饒人爲治依於仁

厚而無鍛錬賞奇之聲暮年政洽其邑之安仁里

麥穗兩岐太守路君直異而歎之以示行臺余曰

仁哉麒之爲政也豈徒黎之悅豫而福應若斯耶

不有歌頌曷宣厥美爰慕古抽筆以侈告群牧遂

爲之賦

09189 張水南文集十一卷 〔明〕張袞撰　明隆慶刻本

匡高19.8厘米，廣13厘米。半葉十行，行二十字，白口，四周單邊。天津圖
書館藏。

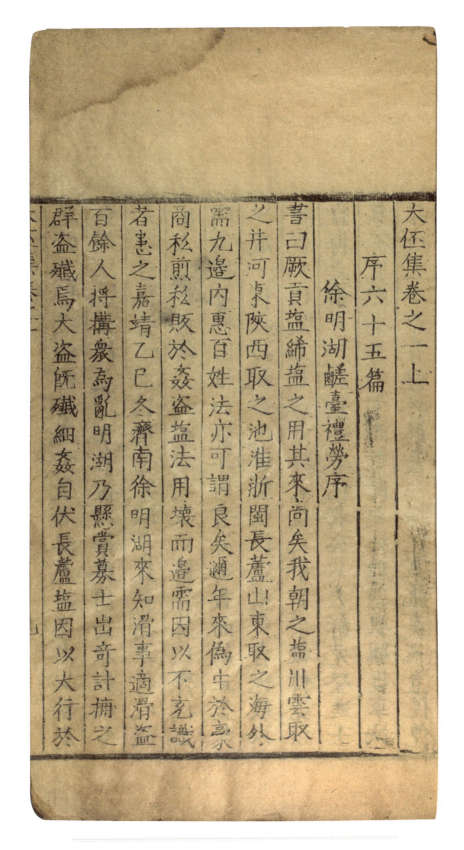

大伾集卷之一上

序六十五篇

徐明湖酅臺禮勞序

書曰厥貢鹽絺鹽之用其來尚矣我朝之鹽川雲取
之井河東陝西取之池淮浙閩長蘆山東取之海外
需九邊內惠百姓法亦可謂良矣邇年來僞中於豪
商私煎私販於姦盜鹽法用壞而邊需因以不克濟
若患之嘉靖乙巳冬齊南徐明湖來知滑事適滑盜
百餘人將構衆為亂明湖乃縣賞募士出奇計捕之
群盜礦焉大盜既礦細姦自伏長蘆鹽因以大行於

09190 大伾集三卷 （明）王璜撰　明嘉靖董世彥刻本

匡高20.5厘米，廣15.6厘米。半葉十行，行二十字，白口，四周單邊。陝西
省圖書館藏。

居敬堂集卷之一

大明趙王枕易道人著

古詩

自勉

爲孝爲忠學詩學禮希聖希賢如斯而已

六噫歌

時臻不淑兮噫民不安堵兮噫提子挈女兮噫以人

易粟兮噫安得義士兮噫振濟斯民饑饉兮噫

禽言四首

居敬堂集 卷一 章松

09191 居敬堂集十卷 （明）朱厚煜撰　明嘉靖四十四年（1565）趙府刻本

匡高18.5厘米，廣14厘米。半葉九行，行二十字，白口，左右雙邊。有"雙鑑樓藏書印"等印。山西博物院藏。

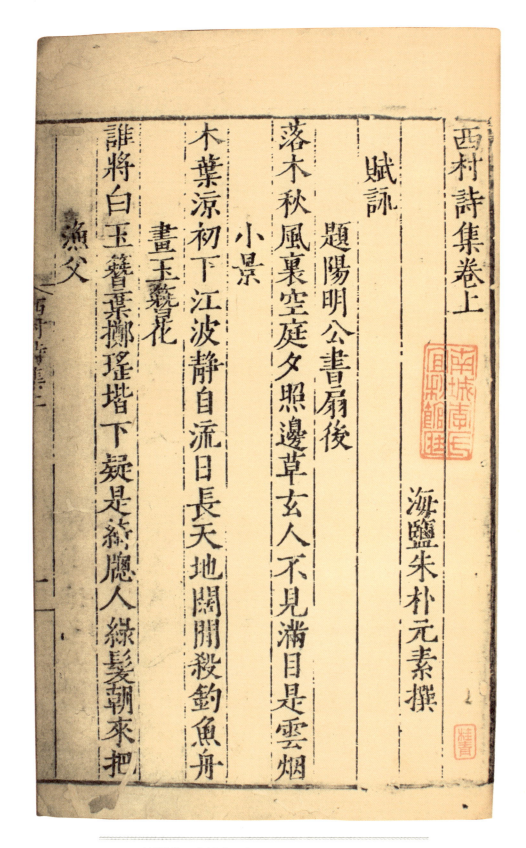

西村詩集卷上

海鹽朱樸元素撰

賦詠

題陽明公畫扇後

小景

落木秋風裏空庭夕照邊草玄人不見滿目是雲烟

木葉凉初下江波靜自流日長天地闊關殺釣魚舟

畫玉簪花

漁父

誰將白簪葉擲瑤堦下疑是姮人緑髮朝來把

09192 西村詩集二卷補遺一卷 （明）朱樸撰 明嘉靖三十一年（1552）

自刻萬曆二十九年（1601）朱綵續刻本

匡高19厘米，廣13.4厘米。半葉十行，行二十字，白口，四周單邊。遼寧省
博物館藏。

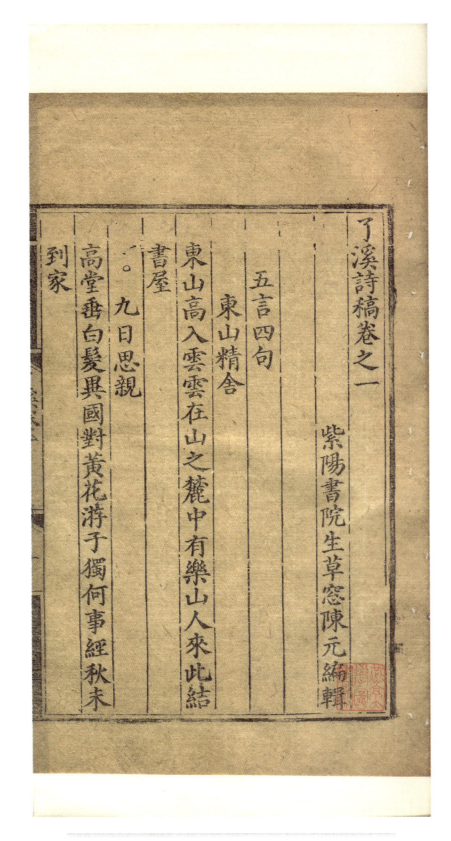

09193 了溪詩稿四卷 （明）彭泮撰 （明）陳元輯 **附録一卷** 明正德

十五年（1520）魏謐刻本

匡高18.4厘米，廣13.4厘米。半葉十行，行十九字，黑口，四周雙邊。北京

大學圖書館藏。

練溪集卷之一

禮部左侍郎兼翰林院學士荏塘閔如霖校正

五言古詩

觀稼

郊原雨既足　草木含清風
及此日未午　散策吾廬東
千畦翠剡剡　耘耨心力同
命酒勞農人　農人色冲融
天時尚悠遠　年分常疏通
甌汗儻如祝　車箱當隆隆
小槽宵注玉　新炊曉蒸紅
下可恤吾私　上又足奉公
不巾與不襪　往來塲里中
何必擁驪騎　左右前後從
同張君子輿　宋君子仁王君天雨吳君性之

09194 練溪集四卷　〔明〕凌震撰　明嘉靖三十年（1551）凌約言刻本

匡高19.7厘米，廣14.8厘米。半葉十行，行二十字，白口，四周單邊。浙江大學圖書館藏。

東園遺稿卷上　於潛縣學訓導從弟黄珣校正

五言絶句 二十七首

和久雨初晴韻

天意弄新晴遊觀適性情窓前少休憩蒲耳讀

書聲

題扇上松下人獨坐

行樂傍孤松鑻桓把晚風眷雲來復往清趣傲

王公

一〈東園遺稿卷上〉一

09195 東園遺稿二卷 （明）黄璽撰　明嘉靖刻本

匡高17.7厘米，廣13.3厘米。半葉九行，行十八字，白口，四周單邊。天津
圖書館藏。

雅宜山人集卷一

四言古詩一

贈涇府長史沈先生詩六章

明吳郡王　寵　撰　嘉靖稿

帝啟寶籙迭授三正明明我祖配天作聖躬
秉白旄犬羊退屏再宅九隩重光七政本支萬
年永膺駿命 其一 逮我憲皇六紹龜鼎磐宗愈
固諸王秀挺建涇于沂天弓燦炳青土苴茅儀
章有等太野既荒海岱維迥 其二 於昭涇王玉裕
金相河間雅樂詠歌洋洋采馨泗水斷桐嶧陽

09196　雅宜山人集十卷　（明）王寵撰　明嘉靖刻本

匡高16厘米，廣13厘米。半葉十行，行十八字，白口，左右雙邊。有"汪士鐘藏"等印。旅順博物館藏。

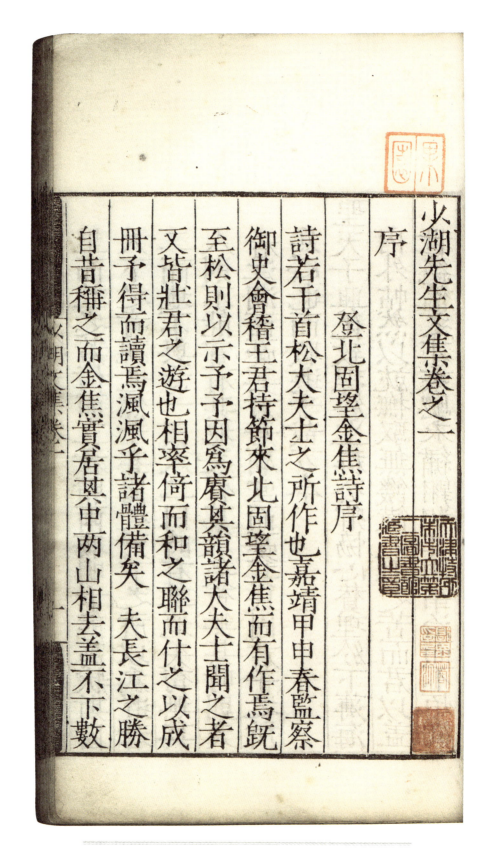

少湖先生文集卷之二

序

登北固望金焦詩序

詩若干首松大夫士之所作也嘉靖甲申春監察

御史會稽王君持節來北固望金焦而有作焉既

至松則以示子子因爲賡其韻諸大夫士聞之者

又皆壯君之遊也相率倚而和之聯而什之以成

册子得而讀焉颯颯乎諸體備矣　夫長江之勝

自昔稱之而金焦實居赳中兩山相去盖不下數

09197 少湖先生文集七卷 〔明〕徐階撰　明嘉靖三十六年（1557）宿

應麟刻本

匡高19.6厘米，廣14.5厘米。半葉九行，行二十字，黑口，四周單邊。天津

圖書館藏。

歐陽南野先生文選卷之一

門人　淮南李春芳　選編

門人　同郡宋儀望　重校

書

答章介菴

教諭懇至非深愛篤念何以有此今之君子道義自命者惟一身名檢事業之為務其於朋友故舊之善惡休戚若越人視秦人之肥瘠漠然不加憂喜於其心而猶以為自脩自道而不知蔽於為我之私所厚者薄無所不薄也已豈所謂有不忍人之心者耶吾只切切惻惻

09198 歐陽南野先生文選五卷 （明）歐陽德撰 （明）李春芳輯　明隆
慶六年（1572）宋儀望刻本
匡高20.2厘米，廣14.1厘米。半葉十行，行二十一字，白口，四周單邊。江西省圖書館藏。

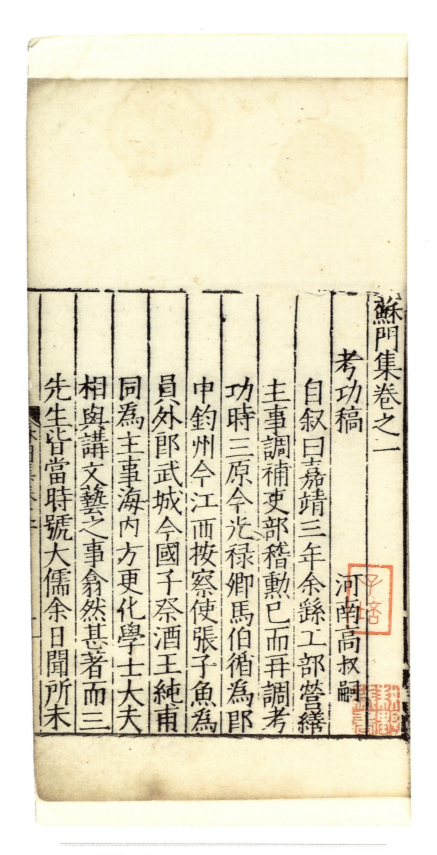

09199 蘇門集八卷 （明）高叔嗣撰　明嘉靖十六年（1537）陳束刻本

匡高16.1厘米，廣14厘米。半葉十行，行十六字，白口，四周單邊。雲南大學圖書館藏。

蘇門集卷之一

考功稿　　　　　　　　　　　　河南高叔嗣

自叙曰嘉靖三年余繇工部營繕主事調補

吏部稽勳巳而再調考功時三原今光禄卿

馬伯循爲郎中鈞州今江西按察使張子魚

爲員外郎武城今國子祭酒王純甫同爲主

事海内方更化學士大夫相與講文藝之事

翕然其著而三先生皆當時號大儒余日間

所未知翰墨間作其後各以官遷替去而余

出爲山西於政蓋一紀于今余于是取往日

09200 蘇門集八卷　（明）高叔嗣撰　明嘉靖四十二年（1563）張正位刻本

匡高17.5厘米，廣13.9厘米。半葉十行，行二十字，白口，四周單邊。雲南
大學圖書館藏。

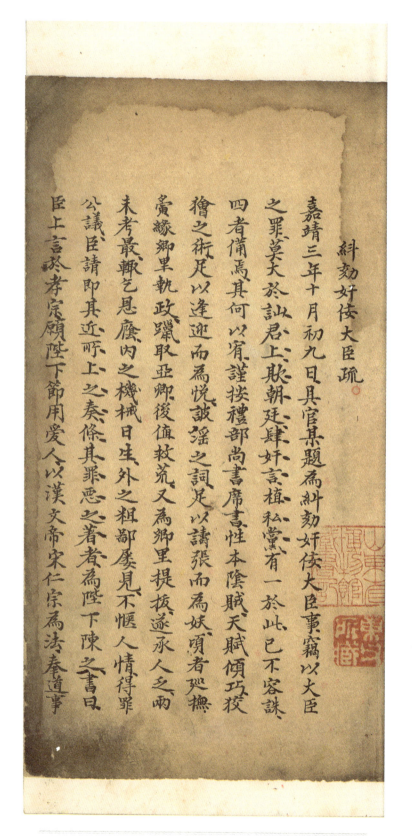

09201 藍侍御集二卷 （明）藍田撰　稿本

半葉九行，行二十五字。周亮工評。山東省博物館藏。

芝園定集卷之一

賦

拙客窩賦

橫山陳子以拙客名窩其言曰拙言性也客言寄
也吾闇鈍椎朴生四十而無稱然私心安之以為
是天地之逆旅云耳張子聞而韙之遂摛詞賦焉

惟達人之玄覽兮握貞德以為符慨品庶之馮生兮炳造
化之靈樞或便儇以偉值兮或濩落而次且或華衣而結
駟兮或齷齪而腹虛或比翼於霄漢兮或駢首於泥塗胡
后皇之降生兮紛巧拙其萬殊就六籍以折衷兮師庠士
之所謨曰木訥其近仁兮嗟佻巧其悖圖孰敦厖而非寶

09202 芝園定集五十一卷 （明）張時徹撰 明嘉靖刻本

匡高19.5厘米，廣14.7厘米。半葉十一行，行二十二字，白口，左右雙邊。
浙江大學圖書館藏。

樂府辭

王鶴山集卷之一

來鴈樂府二章爲顧中書作

靈鴈乘仙風分羣聚類來離離來離離夢先覺

野外繁霜愼棲托不然胡爲雲中身天上落

中舍神仙侶染翰朝朝事明三王事明三王靈鴈知

天邊雨露同恩私他年作君身上衣游鳳池

盧墓辭三章爲東陽王孝子潮作

秋風兮荒丘落日兮長楸痛崦嶸兮儵忽薨蛄

09203 王鶴山集四卷 〔明〕王激撰　明隆慶刻本

匡高20厘米，廣13厘米。半葉九行，行十八字，白口，左右雙邊。吉林大學
圖書館藏。

珠玉遺稿

四明　李循義　著

錢塘門人田汝成　註

滄海遺珠賦

海上有無名翁者世採珠為業積以成富逸而遠遊

道逢不氏子相與掃石坐談久之

無名翁不氏子猶亡是公烏有先生之類蓋托此

二人為問答也、

翁顧問曰天下之事臨機者多迷旁處者深察吾雖

業頗採珠守箕冶之傳且老矣滄海之濱應有遺者

而吾未及見也子諒有知明以相諭

09204　珠玉遺稿二卷　（明）李循義撰　（明）田汝成注　**附録二卷**　明

萬曆九年（1581）刻本

匡高19.9厘米，廣13.4厘米。半葉十一行，行二十字，白口，四周雙邊。寧
波市天一閣博物館藏。

袁永之集卷之一

篇

羽明上帝肇禋于郊我　后饗之率彼百僚〇於穆
圓丘我　后肇之粵稽禮文　祖訓詒之〇崇崇者
壇則天垂象隆隆帝土階南離是縵〇皇門既辟我垣
于衛以楅以庖帝牛于繫〇我　后來饗維冬至卅
我褰我旒　圭翼翼〇有秩陽位越席斯陳秉我王
瓚曰維　一人〇有虞百僚鳳夜奔走直哉維清以
左以右〇皇皇田燭三星在南樂既萬舞升臭于天
〇朝陽形形卿雲蔡只　彼露斯緒風先去聲只〇承

天之休降福穰穰撫于五辰誕惠我多方

方社篇

郊丘十章章四句

有嚴方丘于郊之北我享我將于夏至日象維
坤儀隅位斯秩〇定　方中肇茲土功馮馮版
榦滋于司空式禮奔愬曰維秩宗〇既卜既戒
告于　祖禰龍旂和鈴　天子至止桓桓虎賁
于牧于野〇赫赫地祇陟降在茲配以　皇祖
于壇之隅靈來洋洋百神前驅〇曰既三爵曰
祝九黍薦以黃琮曰維裁　陛以墨于

09205　袁永之集二十卷　（明）袁袠撰　明嘉靖二十六年（1547）袁尊尼
刻後印本
匡高18厘米，廣13.6厘米。半葉十行，行十八或二十字，白口，左右雙邊。
浙江大學圖書館藏。